大旗出版
BANNER PUBLISHING

大旗出版
BANNER PUBLISHING

大旗出版
BANNER PUBLISHING

大旗出版
BANNER PUBLISHING

大師的智慧

亂世醒鐘・聖嚴法師

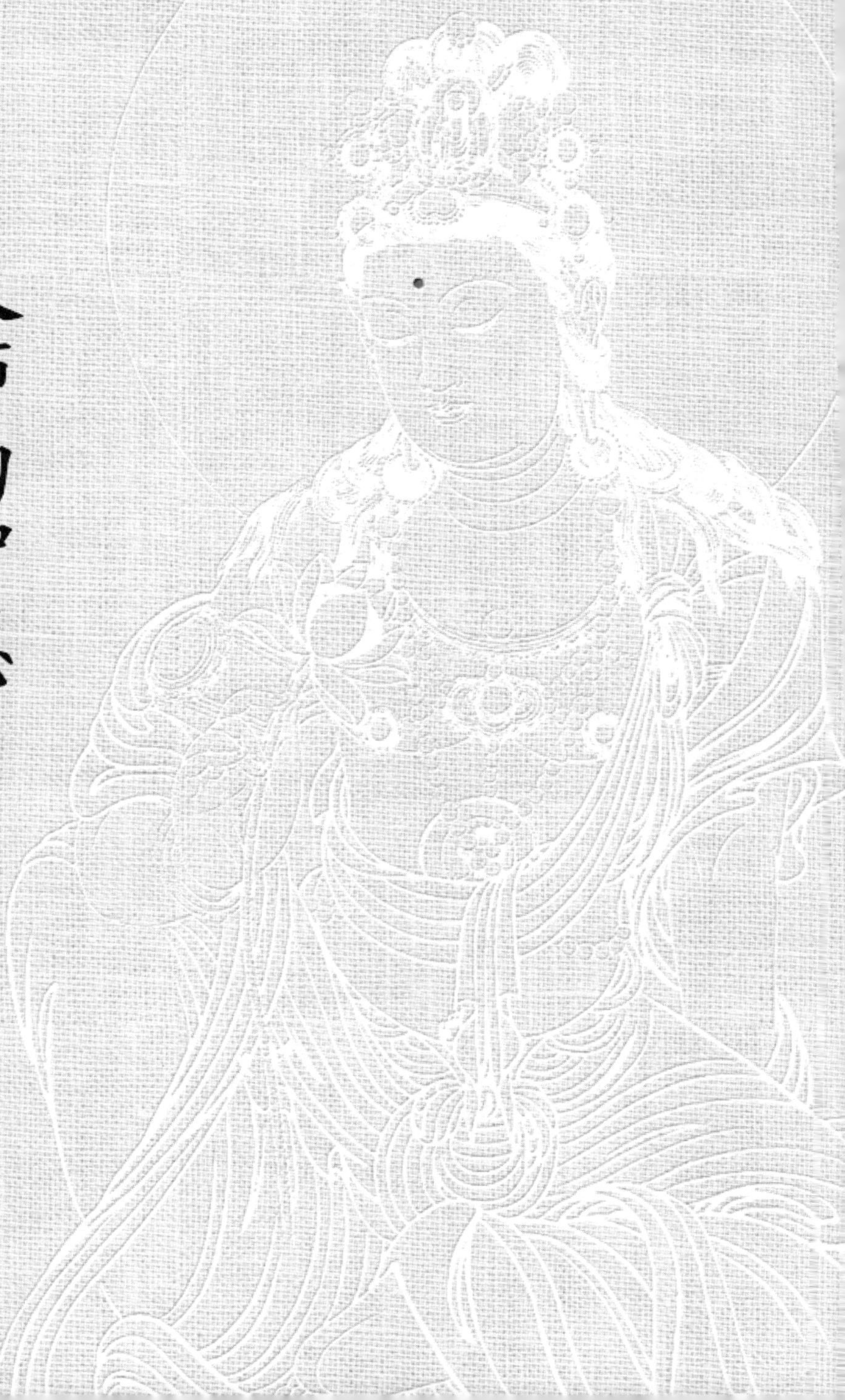

前言　禪裡禪外悟人生

一個人可以一輩子不讀佛經、不進寺廟、不燒一香、不叩一頭，卻不可能一輩子無憂無慮、無苦無惱，更不可能無所愛戀、無所希冀。

人生本是苦海，充滿誘惑、遍地煩惱。面對如此人生，世人卻偏偏拋不下苦惱、斬不斷情絲、揮不去愁緒、丟不下慾望，於重負之下扶杖前行，步履蹣跚也不肯回頭上岸。

於是，禪者的智慧心語，便成為醒世恆言，於寂寞獨處中綻放奪目的光輝。

禪，是花花世界中的一朵白蓮。開在碧潭，靜悄無聲卻令人心神嚮往；開在鬧市，則在喧鬧中獨具恬淡風光。涵養一顆清淨淡然的心，目光交會之處儘是澄明閒雅的心光，如禪之一瞥，眾生皆得大自在；揮灑一腔自度度人的豪情，佛光交錯間儘是佛光的悲憫與智慧，如禪之一味，於萬般曼妙中盡展箇中風情。

大師的智慧

亂世醒鐘•聖嚴法師

參禪並不一定是為了修佛，擁有一顆真摯的初心，便能在似海的佛法中獲得現代生活為人處世的方法。領悟大師的良言偈語，便能借助禪的智慧開闊心胸、堅定意志、開展思維、調和心神、修煉精神；便能在富時平和、窮時快樂、忙時舒心、閒時放心；能無生煩惱、無懼死生；能得到安定、澈悟、清淨、圓融、澄明——而這些，正是忙亂而疲憊的現代人最需要的東西。

當禪門的無上智慧與禪者的處世心語碰撞在一起，便如春風化雨，滋潤了芸芸眾生的心田。禪深似海，其實早已環繞著我們每一個人，但眾生縱有萬般嚮往卻依舊只望見苦海，且讓我們隨著大師共乘一葉扁舟，引領我們在禪海中觀心自在。

序章　暮鼓晨鐘，看白蓮初綻

風雪中的行腳僧

聖嚴法師俗名張志德，一九三〇年冬，出生在江蘇南通縣的一個貧窮家庭，家中兄弟姐妹六人，他最小。他從小身體孱弱，六歲才能出門走動，七歲才會說話，九歲開始讀書識字，十一歲才上小學，他總是安安靜靜，在被人忽視的角落裡默默地打量著這個忙碌的世界。

法師幼時家貧，家中兄弟姐妹又多，因此飽嘗生活的苦難。十四歲時，迫於生計，他出家為僧，不久又遭逢亂世，十九歲的少年投身從戎，隨軍隊離開大陸遠赴臺灣。時光飛逝，轉眼之間他在軍中度過了十年光景。寶貴的青春易逝，而求佛的決心依然堅定。

從軍中退伍後，他二度出家，並在山林中進行了六年的閉關修行，修行結束後，他沒有絲毫的休息懈怠，而是隻身前往日本，踏上了求學之路。又是六年，聖嚴法師在日本東京的立正大學獲得碩士、博士學位，成為佛學界第一位擁有博士學歷的禪師。

他是禪宗曹洞宗的第五十代傳人，也是臨濟宗的第五十七代傳人，並一手創辦了法鼓山道場，提出「心靈環保」這一法鼓山核心理念。

他廣收弟子，到世界各地宣揚佛法，主張以佛法營造「人間淨土」。

他以中、日、英三種文字在亞、美、歐各洲出版著作近百部。

他所推動的理念是：提升人的品質，建設人間淨土，以教育完成關懷任務，以關懷達到教育目的。

他涉足教育、公益等諸多領域，以一顆慈悲心感動世人。

的。」

他長期患有腎臟疾病，但卻拒絕換腎，他說：「我老了，浪費一個腎是不慈悲

他留下遺言：「在我身後，不發訃聞、不傳供、不築墓、不建塔、不立碑、不豎像、勿撿堅固子。」（堅固子是聖嚴法師對舍利子的謙稱）

他圓寂之後，弟子林青霞以文寄哀思——《好美好美，那袈裟飛起像浪花》，李連杰也以弟子身份參加了入殮儀式。

他被臺灣人奉為「穩定人心的力量」，也被稱為「亂世裡的暮鼓晨鐘」，還是「四百年來對臺灣最具影響力的人士」之一，但他稱自己不過是「風雪中的行腳僧」。

少年時期經歷的坎坷，戎馬生涯的艱辛與危險，閉關修行的清苦與寂寞，求學時的迷惑與孤獨，得道之後的盛讚與美譽，在聖嚴法師眼中，都不過是人生行走路上的必然，痛苦如塵埃，落定即消失，名利似浮雲，飄過即消散，而自己只不過是

一名雲遊山水的行腳僧，在滾滾紅塵之中尋找著自己的精神歸宿，並為他人信仰的皈依指明方向。

他從做小沙彌時便定下了自己的志向，即以弘揚佛法為終生任務，為此，他行走途中的每一個腳印都變得更加沉重，也更加輝煌：他在閉關的身心磨礪中完成了《正信的佛教》以及《戒律學綱要》等佛學著作；他一生廣收弟子，著書宣講，弘揚佛法；他創立法鼓山道場，以「心靈環保」為法鼓山核心理念；他投身公益，以佛法教化世人；他反對自殺，積極展開心靈援助……

他時時自我勉勵，自我省思，拖著孱弱的身子，奔波於繁忙世間，弘揚佛法，化育眾生，留下了上千萬字佛法著述以及「建設人間淨土」的遺願，為萬千信徒留下了一座值得仰視的精神豐碑。

這位風雪中的行腳僧，每一步行走都留下了深深的印痕，即使風過雪融，智慧的光芒依舊閃爍，指引著行走在禪修路上的朝聖者。

二十字遺偈

無事忙中老，空裡有哭笑，本來沒有我，生死皆可拋。

——聖嚴法師遺偈

二〇〇九年二月三日下午四點〇四分，聖嚴法師在臺北台大醫院圓寂，享年八〇歲。一代高僧就此寂滅，而他所推崇的「人間佛教」的理想卻像是凡塵鬧市中一朵聖潔的蓮花，自在綻放，自在芬芳，芸芸眾生每每過路，總會忍不住駐足觀賞。

臨終前，聖嚴法師留下九條遺言：

一、出生於一九三〇年的中國大陸江蘇省，俗家姓張。在我身後，不發訃聞、不傳供、不築墓、不建塔、不立碑、不豎像、勿撿堅固子。禮請一至三位長老大德法師，分別主持封棺、告別、荼毘、植葬等儀式。務必以簡約為莊嚴，切勿浪費鋪張，靈堂只掛一幅書家寫的輓額「寂滅為樂」以作鼓勵；懇辭花及輓聯，唯念「南無阿彌陀佛」，同結蓮邦淨緣。

二、身後若有信施供養現金及在國內外的版稅收入，贈予財團法人法鼓山佛教基金會及財團法人法鼓山文教基金會。我生前無任何私產，一切財物、涓滴來自十方布施，故悉歸屬道場，依佛制及本人經法院公證之遺囑。

三、凡由我創立及負責之道場，均隸屬法鼓山的法脈，除了經濟獨立運作，舉凡道風的確保、人才的教育、互動的關懷及人事的安排，宜納入統一的機制。唯在國外的分支道場，當以禪風一致化、人事本土化為原則，以利純粹禪法之不墮，並期禪修在異文化社會的生根推廣。

四、法鼓山總本山方丈一職，不論是由內部推舉，或從體系外敦聘大德比丘、比丘尼擔任，接位之時亦接法統，承繼並延續法鼓山的禪宗法脈，亦不得廢止法鼓山的理念及方向，是為永式。佛說：「我不領眾，我在僧中。」方丈是僧團精神中心，督策僧團寺務法務僧斷僧行，依法、依律、依規制，和樂、精進、清淨。

五、我的著作，除了已經出版刊行發表者，可收入全集之外，凡未經我覆閱的文稿，為免蕪濫，不再借手後人整理成書。

六、在我身後，請林其賢教授夫婦，將我的「年譜」，補至我捨壽為止，用供作為史料，並助後賢進德參考。故請勿再編印紀念集之類的出版物了。

七、我的遺言囑託，請由僧團執行。我的身後事，不可辦成喪事，乃是一場莊嚴的佛事。

八、僧俗四眾弟子之間，沒有產業、財務及權力、名位之意見可爭，但有悲智、和敬及四種環保的教育功能可期。諸賢各自珍惜，我們有這番同學菩薩道的善根福德因緣，我們曾在無量諸佛座下同結善緣，並將仍在無量諸佛會中同修無上菩提，同在正法門中互為眷屬。

九、在這之前本人所立遺言，可作參考，但以此份為准。

觀遺言全文，聖嚴法師的智慧心與精神力量的感召令人動容，而遺言末後的二十字遺偈更是發人深省。

「無事忙中老，空裡有哭笑，本來沒有我，生死皆可拋。」世人一向貪歡，而他以寂滅為樂。天下熙熙，皆為利來；天下攘攘，皆為利往；可惜虛名浮利，生不帶來死不帶去，一生本無事，忙忙碌碌又為何？浮生若夢，萬事皆空，哭過笑過，人生不過是蹉跎瞬間的百轉千回，隨緣來，隨緣去，又有什麼悲歡？自性不生不死不來不去，我本不在，何懼生死？

眾生大多貪生怕死，而聖嚴法師的二十字遺偈則令我們反觀自照，見微知著，亦可作為一種精神力量穩定人心。

聖嚴法師被譽為「穩定臺灣人心的力量」，又以學問僧的形象深入人心，他積極提倡和踐行人間佛教的理想，一生忙碌，卻忙得快活。從法師的智慧語言中，我們便能洞悉佛法的深奧，領悟到為人處世、說話辦事之理，提升自己的覺悟，涵養個人的品格與氣質。

目錄

「佛就像那庭前柏樹一樣熟悉，我們每天晚上抱佛入睡，早上又跟佛起床，只是自己不知道罷了。」在聖嚴法師眼中，禪無處不在：在父母溫暖的懷抱中，在親人深情的對視裡，在苦難者虔誠的仰望中，甚至在一朵花的溫柔開放、淒涼凋零中……

第二章　面朝苦海，也有春暖花開　047

一個人如果有禪心，就可以活得自在一些，自由一些，快活一些，幸福一些。擁有春暖花開般的心情，便能從容自若地面對苦海，就像一株草，每天只要有三五滴露水的滋潤，就可以開出青翠的顏色，挺立在風雨中。

第五章　心中有天籟，但奏無弦琴　107

箭未離弦時，便看到它在天空中飛行的軌跡，這是神射手的境界；閉著眼睛在月夜行走，不曾抬頭便洞悉月圓或者月缺，這是明眼人的境界；手持無弦琴，耳邊盡是動人天籟，這是有心人的境界。智者，應做心眼合一的神射手，當處處慧心的明眼人。

第八章　亂花入眼，心淨則無物　173

行走於世間，猶如在飛花落葉中行走，世間的紛擾猶如花葉的旋舞。心淨之人，不觀花葉，反而能見到樹木深埋於泥土中的根本，在飛花落葉之中不沉不沒，在肉身壞滅的進程中不動不搖。

第一章

側耳聽禪，生活即道場

「佛就像那庭前柏樹一樣熟悉，我們每天晚上抱佛入睡，早上又跟佛起床，只是自己不知道罷了。」在聖嚴法師眼中，禪無處不在。在父母溫暖的懷抱中，在情人深情的對視裡，在苦難者虔誠的仰望中，甚至在一朵花的溫柔開放、淒涼凋零中，禪都在那裡。

翠竹黃花皆妙諦

聖嚴法語

有人問趙州禪師：「什麼是佛祖西來意？」

趙州禪師回答：「庭前柏樹子。」

當我們誤認為趙州禪師將佛比做身外的「柏樹子」時，聖嚴法師卻教誨道：「佛就像那庭前柏樹一樣熟悉，我們每天晚上抱佛入睡，早上又跟佛起床，只是自己不知道罷了。」

所以，處處踏實處處是，處處自在處處活潑。

人間佛語

禪宗禪師有句名言：「青青翠竹，悉是法身。鬱鬱黃花，無非般若。」在天地自然之間，處處都有禪機。成佛的智慧，不離世間一切。世間法就是佛法，任何學問，任何事情，都是佛法。

有一則禪宗公案這樣說：

宋朝與蘇東坡齊名的一位詩人，名叫黃山谷。黃山谷跟晦堂禪師學禪。他的學問好，但是跟著師父學了三年還沒有悟道。有一天，他問晦堂禪師：「有什麼方便法門告訴我一點好不好？」

晦堂禪師說：「你讀過《論語》沒有？」

黃山谷說：「當然讀過啦！」

師父說：「《論語》上有兩句話：『二三子，我無隱乎爾？』意思是說：『你們這幾個學生！不要以為我隱瞞你們，我沒有保留什麼秘密啊！早就傳給你們了。』」

黃山谷一下子臉紅了，又變綠了，告訴師父實在不懂。

老和尚一拂袖就出去了。黃山谷啞口無言，心中悶得很苦，只好跟在師父後面走。這個晦堂禪師一直走，沒有回頭看他，但曉得他會跟來的。走到山上，秋天桂花開，香得很，到了這個環境，師父就回頭問黃山谷：「你聞到桂花香了嗎？」

黃山谷先被師父一下子搞混了，師父在前面大搖大擺地走，不理他，他跟在後面，就像小學生挨了老師處罰一樣，心裡又發悶，這一下，老師又問他聞沒聞到桂花香味。

他把鼻子翹起，聞啊聞啊，然後說：「我聞到了。」

師父接著講：「二三子，我無隱乎爾！」

這一下，他悟道了。

黃山谷為什麼悟道了呢？是因為大千世界處處有佛，處處都顯示佛的境界，一個人只有用自己的心去感悟，才能真正體悟到佛的境界。

黃山谷是幸運的，因為他有一顆心和一雙慧眼。真理往往為開放的心靈打開，大千世界，佛法充盈其間，禪意無處不在。翠竹黃花皆般若，世間法皆是佛法，一個無心的人只能看到平淡無奇的一切，而一個有心人卻能夠從中汲取智慧。因此，多觀察世間萬物，多留意身邊的一切，多體悟一切，只要你有心，就有可能從中體悟到佛法。

國學大師南懷瑾有一首禪詩：「世界微塵漚沫身，懸崖撒手漫傳薪。黃花翠竹尋常事，般若由來觸處津。」禪機和禪韻就在生活中的每一個角落，當我們用心去感悟的時候，佛祖就在身邊，這時候，我們所做的每一件事情，都是修行。

就像聖嚴法師所言：「我們做任何事情，都可以是禪修，也就是說，我們做的一切事情，沒有一件不是修行。」既然生活中每一件事都是修行，那麼保持一顆平常心是非常重要的。保持一顆平常心，不執著於偶像，平常看待世間事卻不乏虔誠。心無雜念，將功名利祿看穿，將勝負成敗看透，將毀譽得失看破，就離佛更近了一步。

擕自家寶藏，行萬里禪遊

聖嚴法語

每個人的心中都有一座花園，勤懇經營，多彩的花朵、美麗的蝴蝶都會成為園中動人的風景。

在聖嚴法師眼中，這座花園中的異彩就是「明心見性」，由煩惱的心變成智慧的心，也見到了不動的、不變的佛性。所謂「自助而人助，人助而天助」，發現自己內心的寶藏，肯定自己，別人才能肯定你，信任你。

人間佛語

大珠慧海第一次來拜見馬祖道一禪師時，虔誠禮拜。

馬祖禪師問他：「你來此所為何事？」

大珠慧海說：「我來這裡向您求佛法。」

馬祖禪師說：「我這裡什麼也沒有，哪裡有你要求的佛法呢？你都沒有顧好自己家裡的寶藏，甚至沒有發現自己的寶藏，反而東奔西跑向外尋找。」

「什麼是我自家的寶藏呢？」大珠慧海困惑不解。

「現在正在詢問我的就是你自家的寶藏，你所需要的一切就在你的心裡，一樣都不欠缺，你又為何要向外尋找呢？」

大珠慧海頓悟，叩首離去。每個人的內心都有一座寶藏，又何苦向外尋找？馬祖禪師其實也正是在用這種方式告訴大珠慧海，一個人只有自己來承擔自己，才能真正走上解脫之路。向外尋找也不能帶給你真正的歸宿，只有求助於自己，打開自己的心門，點燃一盞心燈。

雲岩禪師正在編織草鞋，洞山禪師從他身邊經過，一見面就說道：「老師，我可以跟您要一件東西嗎？」

雲岩禪師回答道：「你說說看！」

洞山不客氣地說：「我想要你的眼珠。」

雲岩禪師平靜地說：「要我的眼珠？那你自己的眼珠呢？」

洞山道：「我沒有眼珠。」

雲岩禪師淡淡一笑，說：「要是你有眼珠，如何處置？」

洞山無言以對。

雲岩禪師此時才非常嚴肅地說：「我想你要的眼珠，應該不是我的眼珠，而是你自己的眼珠吧？」

洞山禪師又改變口氣說：「事實上，我要的不是眼珠。」

雲岩禪師終於忍不住這種前後矛盾的說法，對洞山禪師大喝一聲道：「你給我出去！」

洞山禪師並不驚訝，仍然非常誠懇地說：「出去可以，只是我沒有眼珠，看不到出去的路。」

雲岩禪師用手摸一摸自己的心，說道：「這不早就給你了嗎？還說什麼看不到。」

洞山禪師當下醒悟。洞山禪師向別人要眼珠，這是件很怪異的事情，所以雲岩禪師起初只是告訴他眼睛長在自己頭上，不必向別人索要。然而雲岩禪師也知道，洞山要的是「心眼」，而非「肉眼」，所以便在他一味執迷時，告訴他即便是「心眼」，也需要自己去發現。

禪宗叢林中，雖然弟子的開悟往往離不開老師的指導和牽引，但是正如聖嚴法師所言，老師往往只是那一根指向月亮的手指，並不都能點金。他將方向指引給你，剩下的事情，就看你自己了。人生若是，當八月來臨，全世界都沉浸在桂花的芳香中時，如果你只是一味地詢問別人桂花是什麼味道，而不肯自己張開鼻翼去嗅一下，實在是有些愚蠢。

佛法的寶藏，本來就在人的自性之中，取之不盡，用之不竭，只有我們發現了自己的富有，凡事求諸己身，才不會淪為只向他人求助的乞丐。

千年暗室，一燈能破

聖嚴法語

《華嚴經》中有四句偈語：「如來智如是，眾生悉具有；顛倒妄想覆，眾生不知見。」

聖嚴法師在解釋此偈時說，人人都具有跟佛同樣的智慧，可惜一般人的心智被癡迷的顛倒妄想所蒙蔽，所以不知道自己有這樣的能力。

因此不要指望等自己成佛以後，才有佛的智慧。智慧之光就在自己身邊，親身體驗，才能立地成佛。

人間佛語

歷史長河的流淌並非始終平靜如一。忽然間，平靜的水流會遭遇陡急的轉彎、高聳的峽谷、狂暴的湍流，當氣勢澎湃的瀑布迎面而來時，雷霆轟鳴，恰如千軍萬馬，這就是生命的壯麗姿態。

然而大千世界中，既然有壯麗，也必然有婉約。瀑布有瀑布的震撼之美，小溪有小溪的清澈迷人。

釋迦牟尼說這個虛空中，有三千大千世界。

三千大千世界，無窮無盡，不可想像，有無數奧妙神奇的事物，就像是我們心靈的空間一樣深不可測。人們窮盡一生之力，也很難探出究竟。但恰恰是這個浩瀚的世界，有時候，只需要一盞燈的光亮，便可以填滿。

有位禪師為了測試他的三個弟子哪一個最聰明，就給了他們三人每人十文銀子，讓他們想辦法用十文銀子買來能裝滿一個巨大房間的東西。

第一個弟子反覆思考了很久之後，心想：「什麼才是市場上體積最大、價格最低的東西呢？」最後他跑到市場上，買了很多棉花。但棉花買回來以後，只將這間房間裝了一半多一點。

第二個弟子與第一位弟子的思路非常相近，他也在反覆尋找市面上體積最大、價錢最便宜的貨物。最終他挑選了最便宜的稻草，但十文銀子的稻草也只能將房間填滿三分之二。

輪到最後一個弟子了，前兩個弟子和禪師都等著看他的答案。只見他手上什麼東西也沒有拿就回來了。前兩位師兄弟感到非常奇怪，禪師卻在暗暗點頭。這個弟子請禪師和兩個師兄弟走進房間，然後將窗戶和房門緊緊地關上。整個房間頓時伸手不見五指，漆黑一片了。

這個時候，這個弟子從懷裡取出他花一文錢買來的一支蠟燭。他用火柴點燃了蠟燭，頓時，漆黑的房間裡亮起昏黃的燭光。這片燭光雖然微弱，但是卻將房間的每一個角落都照到了。

第三個弟子僅用一文錢便裝滿了整個房間。雖然我們心靈的空間無限浩大，但是對於智者而言，它僅僅像一間小小的心房，一根火柴，一支蠟燭，足以讓亮光充滿心空。

禪就是我們內心的火柴和蠟燭，當我們用智慧點燃這盞禪燈的時候，我們的內心也會被光明和溫暖充滿。心燈是無形的智慧，是活潑的回應能力，是能克服煩惱、使人自在的積極心志，我們需要這樣的溫暖和光明。

人最忌諱的就是失去光明的心智，漸漸被黑暗的罪惡所包圍；最可怕的是步上貪婪、暴力和癡迷之路。這會使人失去理性和情性，最後心靈完全黑暗，欲壑難填。保持一顆清淨的心，知足常樂，才是獲得平安、收穫幸福果實的道路。

不要被佛的精深博大所嚇倒，你所擁有的禪意禪感，足夠你歡喜快樂。點亮心燈，讓自己發光，勝過埋怨一切黑暗。

纏繞心靈的生死線

聖嚴法語

生死相對，同時相成，所以莊子說：「方生方死，方死方生。」生命中不能缺少死亡這一環，雖然死亡是人生必然經歷的過程，但人人都怕死。

聖嚴法師說，平常人懼怕死亡，是因為不知道人死之後要去向何處。然而，死也是我們要承擔的人生義務之一，在因果輪迴中，生命過程中的苦與樂、逆與順、成與敗、得與失、壽與夭、健康平安與多災多難，都應該面對並接受。

人間佛語

寂寥秋日的黃昏時分，若獨自行走在一條鋪滿梧桐葉的路上，必然心生感慨。

當一片片枯黃的葉子從枝頭靜靜地飄落時，地面似乎就是深秋賦予它的歸宿。不知何處吹來的風，如同蘭花手，悠然自適間，生命便已隕落。風與樹葉之間，總有細數不盡的故事：春風吹綠了葉，夏風吹肥了葉，秋風把葉兒染黃，冬天的風把葉兒吹進塵埃。樹葉的輪迴，就像是人生的兜兜轉轉，循環往復間，沒有永生，也沒有消亡。每段生命的開始意味著過去的隕落，每段生命的結束又昭示著下一個未來。

生死從來不由人，甚至連佛祖也無法改變。

人們總是問佛陀：「佛死了到什麼地方去呢？」佛陀總是微笑著，保持沉默，什麼話也不說。

但是，這個問題一次又一次地被提出來，看來人們對這個問題還是比較關心的。為了滿足人們的好奇心，佛陀對他的弟子說：「拿一支小蠟燭來，我會讓你們知道佛死了到什麼地方去。」

弟子急忙拿來了蠟燭，佛陀說：「把蠟燭點亮，然後拿過來靠近我，讓我看看蠟燭的光。」

弟子把蠟燭拿到佛陀面前，用手遮掩著，生怕風把蠟燭吹滅了。

但是，佛陀訓斥他的弟子說：「為什麼要遮掩呢？該滅的自然會滅，遮掩是沒有用的。就像死，同樣也是不可避免的。」

於是，佛陀吹滅了蠟燭，說：「有誰知道蠟燭的光到什麼地方去了？它的火焰到什麼地方去了？」

弟子們你看我，我看你，誰也說不上來。

佛陀接著說：「佛死就如蠟燭熄滅，蠟燭的光到什麼地方去了，佛死了就到什麼地方去了。和火焰熄滅是一樣的道理，佛陀死了，他就消失了。他是整體的一部分，他和整體共存亡。火焰是個性，個性存在於整體之中，火焰熄滅了，個性就消失了，但是整體依然存在。不要關心佛死後去了哪裡，祂去了哪裡不重要，重要的是如何成佛。等到你們頓悟的時候，你們就不會再問這樣的問題了。」

不論是人的死亡，還是佛的死亡，都是人死如燈滅。但即使燈滅了，也並非什麼都沒有了。曾經的光依然在閃爍，蠟燭的意義在於其燃燒的過程。生生死死，且由他去，不要執著於如何永生，也不要總惦記著人究竟如何做才能在死後上達四方樂土，這都是虛無縹緲、無蹤可覓的烏有，最好趁生命還在時，多做善事，認真修行。

面對死亡，要有如落葉歸根的自然；面對死亡，要有如空山圓月的明淨。纏繞心靈的那條生死線，只有自己才解得開。

人的一生很短暫，百年也只是一瞬，在茫茫歷史長河中不過是滄海一粟。當人的生命消逝時，我們常常覺得它比葉子的凋零更加悲涼，花謝了會再開，潮退了會再來，可是人的生命逝去之後，將以怎樣的方式重新回歸呢？

在聖嚴法師眼中，生命的逝去不需要回歸。因為真正懷有一顆佛心的人能夠明白人的一生不僅僅是為了自己，更是為了別人。「落紅不是無情物，化作春泥更護花。」人也該如此，在自己有限的生命中，將生命的光與熱發揮到極致，為更多的人帶來幸福，也給自己的人生，創造出更大的意義。

深秋時分的風，吹在身上總是有些涼。但若慢慢地張開十指，任風從指間穿行，那一刻，你手中可以握住的，或者是一片落葉，或者是一粒塵埃，或者是一束陽光，不管是什麼，你都曾經把握住了那一瞬間。

第二章

面朝苦海，也有春暖花開

一個人如果有禪心，就可以活得自在一些，自由一些，快活一些，幸福一些。擁有春暖花開般的心情，便能從容自若地面對苦海，就像一株草，每天只要有三五滴露水的滋潤，就可以開出青翠的顏色，挺立在風雨中。

人生失意無南北

聖嚴法語

「譬如空中飛鳥，不知空是家鄉；水中游魚，忘卻水是生命。」在禪宗《五燈會元》中，白兆圭禪師曾經這樣說過。聖嚴法師則從中參悟到了人所應該擁有的生活態度。

空中飛鳥翱翔天際，本身即在天空中，牠並未想過向生活索取更大的空間，因為天空夠寬了；水中游魚，水對牠是非常重要的東西，而牠並未一味因其重要而操心憂慮。若能以這種積極的態度努力生活，而非處處生煩惱，生活必然愉快。

人間佛語

俗話說，人生失意無南北，宮殿裡也會有悲慟，茅屋裡同樣會有笑聲。只是，平時生活中無論是別人展示的，還是我們關注的，總是風光、得意的一面，這就像女人的臉，出門的時候個個都描眉畫眼，塗脂抹粉，光鮮亮麗，這全是給別人看的。回家以後，一個個都素著張臉。

於是，站在城裡，嚮往城外，而一旦走出了圍城，就會發現生活其實都是一樣的，有許多我們一直在意的東西，在別人看來也許根本就不算什麼。所以，與其不停地長吁短歎，不如欣賞一下自己的人生，靜心體會生活的快意。

在一條河的一邊住著凡夫俗子，另一邊住著僧人。凡夫俗子看到僧人每天無憂無慮，只是誦經撞鐘，十分羨慕他們；僧人看到凡夫俗子每天日出而作，日落而息，也十分嚮往那樣的生活。日子久了，他們都各自在心中渴望著：到對岸去。

一天，凡夫俗子和僧人達成了協議。於是，凡夫俗子過起了僧人的生活，僧人過上了凡夫俗子的日子。

幾個月過去了，成了僧人的凡夫俗子發現，原來僧人的日子並不好過，悠閒自在的日子只會讓他們感到無所適從，便又懷念起以前當凡夫俗子時的生活來。

成了凡夫俗子的僧人也體會到，他們根本無法忍受世間的種種煩惱、辛勞、困惑，於是也想起做和尚的種種好處。

又過了一段日子，他們各自心中又開始渴望：到對岸去。

可見，你眼中的他人的快樂，並非真實生活的全部。每個生命都有欠缺，不必與人作無謂的比較，珍惜自己所擁有的一切就好。

人生如海，潮起潮落，既有春風得意、高潮迭起的快樂，也有萬念俱灰、惆悵落寞的淒苦。如果把人生的旅途描繪成圖，那一定是高低起伏的曲線。「人生得意須盡歡，莫使金樽空對月。」當你快樂時，不妨盡情享受快樂，珍惜你所擁有的一切。而當生活的痛苦和不幸降臨到你身上時，你也不要怨歎、悲泣，哪怕只剩下一個檸檬，也可以做一杯檸檬汁。

生於塵世，每個人都不可避免要經歷淒風苦雨，面對艱難困苦，想開了就是天堂，想不開就是地獄。而積極樂觀的心態就是一帖良藥，能癒合你的傷口。懷著新的希望上路，就像一趟旅行，沿途中有數不盡的坎坷泥濘，但也有看不完的春花秋月。如果我們的一顆心總是被灰暗的風塵所覆蓋，乾涸了心泉、暗淡了目光、失去了生機、喪失了鬥志，我們的人生軌跡豈能美好？若我們能保持一種健康向上的心態，那麼，即使我們身處逆境、四面楚歌，也一定會有「山窮水盡疑無路，柳暗花明又一村」的一天。

把絆腳石當做墊腳石

聖嚴法語

人生之路，一帆風順者少，曲折坎坷者多，成功是由無數次的挫折堆積而成的。但挫折和失敗對人畢竟是一種「負面刺激」，總會使人不愉快、沮喪、自卑。因此，如何面對挫折、如何自我解脫就成了戰勝脆弱、走向成功的關鍵。

面對人生的逆境，要時刻牢記聖嚴法師的鼓勵：「逆境時還要往上爬，要把絆腳石當做墊腳石！」

「痛苦是一把犁，它一面犁破了你的心，一面掘開了生命的新起源。」一九一五年諾貝爾文學獎得主，法國作家羅曼・羅蘭這樣說道。不知苦痛，怎能體會到快樂？痛苦就像一枚青青的橄欖，品嘗後才知其甘甜，但這品嘗需要勇氣。

一個屢屢失意的年輕人千里迢迢來到普濟寺，慕名尋到老僧釋圓，沮喪地說：「像我這樣屢屢失意的人，活著也是苟且偷生，有什麼意義呢？」

老僧釋圓靜靜地聽這位年輕人歎息和絮叨，什麼也不說，只是吩咐小和尚：「施主遠道而來，燒一壺溫水送過來。」

少頃，小和尚送來一壺溫水，釋圓老僧抓了一把茶葉放進杯子裡，然後用溫水沏了，放在年輕人面前的茶几上，微微一笑說：「施主，請用茶！」年輕人俯身看看杯子，只見杯子裡微微地升騰起幾縷水汽，那些茶葉靜靜地浮著。年輕人不解地詢問釋圓：「貴寺怎麼用溫水沖茶？」釋圓微笑不語，只是示意年輕人說：「施主，請用茶吧。」年輕人只好端著杯子，輕輕啜了兩口。釋圓說：「請問施主，這茶可香？」年輕人搖搖頭說：「這是什麼茶？一點茶香也沒有呀。」釋圓笑笑說：「這是福建的名茶鐵觀音啊，怎麼會沒有茶香？」年輕人聽說是上乘的鐵觀音，又忙端起杯子再啜兩口，再細細品味，還是放下杯子說：「真的沒有一絲茶香。」老僧釋圓微微一笑，吩咐門外的小和尚：「再燒一壺沸水送過來。」

少頃，小和尚便提來一壺吐著濃濃白汽的沸水，釋圓起身，又沏了一杯茶，年輕人俯身去看杯子裡的茶，只見那些茶葉在杯子裡上上下下地沉浮，隨著茶葉的沉浮，一絲清香便從杯裡緩緩地逸出來。嗅著那清清的茶香，年輕人不禁去端那杯子，釋圓忙微微一笑說：「施主稍候。」說著便提起水壺朝杯子裡又注了一縷沸水。年輕人見那些茶葉上上下下，沉沉浮浮得更厲害了，同時，一縷更醇、更醉人的茶香慢慢地升騰出杯子，在禪房裡彌漫。釋圓如是注了五次水，杯子終於滿了，那綠綠的一杯茶水，沁得屋裡津津生香。釋圓笑著問道：「施主可知道同是鐵觀音，為什麼茶味迥異嗎？」年輕人思忖說：「一杯用溫水沖沏，一杯用沸水沖沏，用水不同吧。」

釋圓笑笑說：「用水不同，則茶葉的沉浮就不同。茶葉的沉浮不同，所經受的歷練也就不同，自然也就沖沏出了不同的味道。」

用溫水沏的茶，茶葉就輕輕地浮在水之上，沒有沉浮，茶葉怎麼會散逸它的清香呢？而用沸水沖沏的茶，沖沏了一次又一次，浮了又沉，沉了又浮，沉沉浮浮，茶葉就釋出了它春雨般的清幽，夏陽似的熾烈，秋風似的醇厚，冬霜似的清冽。

世間芸芸眾生，又何嘗不是茶呢？那些不經風雨的人，平平靜靜地生活，就像溫水沏的淡茶平靜地懸浮著，彌漫不出他們生命和智慧的清香。而那些櫛風沐雨、飽經滄桑的人，坎坷和不幸一次又一次襲擊他們，他們就像被沸水沏了一次又一次的茶，在風風雨雨的歲月中沉沉浮浮，從而溢出了他們生命的一縷縷清香。

所以，面對從我們出生相伴至死的苦，聖嚴法師主張要把其當做生命的贈禮，打開禮盒，既可能會看到天堂，也可能會看到地獄，這一切，都取決於我們自己的觀念。

苦海中輪回顛倒的眾生，你們是願意在逆境中綻放出動人的笑容，還是願意愁眉苦臉地迎接歲月的洗禮呢？

自傘自度，賞萬里晴空

聖嚴法語

什麼是真正的人生？

聖嚴法師說，人生是苦樂憂喜，人生是悲歡離合，人生是成敗得失，人生是生老病死，人生是富貴貧賤，人生是善惡是非。在這樣紛繁複雜的人生中，若想保持一顆清淨的心，則需要一顆佛心。雖然我們並未成佛，但是我們可學習其精神，從而將自己從人生的種種困境中解脫出來。

自我求得解脫的人，一念存好心，一念生淨土；一念離煩惱，一念見淨土。

人間佛語

有個僧人要求下山雲遊，元安禪師考問他：「四面都是山，你要往何處去？」

他參悟不出其中禪機，便愁眉苦臉地轉身而去。路過菜園時，恰巧遇到善靜和尚正在園中工作。

善靜和尚問他：「師兄，你為何悶悶不樂？」

僧人便將發生的事情一五一十地告訴了他。

善靜和尚微笑著說：「竹密不妨流水過，山高豈礙野雲飛。」

是啊，不管人生遭遇了怎樣的困境，即使群山環繞，只要有決心，依然能夠將座座高山踏在腳下。

聖嚴法師說，人生本是苦海。若煩惱纏身太久，又不曾嘗試著用自己的力量去解決，那麼總有一天，我們心中會生起一股濃得化不開的厭倦：難道生命就是這樣日復一日、年復一年，像機械一般運轉？被苦惱和病痛、死亡所全面控制和擺佈？

心中豎起的一座又一座高山，壓得我們喘不過氣來，也擋住了我們本來清澈的視野。怎樣才能飛越這疊嶂層巒呢？唯有自己拄杖上路，翻越所有阻擋去路的山峰，才能夠獲得最開闊的視野，就像是在雨中，唯有自己撐開一把傘，才能有一片屬於自己的晴空。

一個佛教信徒去寺廟中拜佛求願，走到半路上突遇下雨。他沒有帶傘，只能在一個屋簷下等待天晴，這時，他遠遠地看到一位禪師正撐傘走過，於是喊道：「禪師，普度一下眾生，把我送回家吧！」

禪師也遠遠地回答：「我在雨裡，你在簷下；簷下無雨，你不用我度。」

這人立刻走出屋簷，站在雨中，說道：「我也在雨中，該度我了吧？」

禪師走到他面前，說道：「我們都在雨中，我不被淋濕，因為有傘；你被淋濕，因為無傘。所以不是我度你，而是傘度我，對吧？」

這人覺得很有道理，點了點頭。

禪師接著說：「所以，你要被度，不必找我，應該自己去找傘。」

說完，便扔下這個人獨自走了。

面對禪師離去的背影，這個在雨中等待的人有些氣憤，無奈只能等待天晴。天晴之後，他來到廟中，剛剛跪在觀音像前，便看見一個長相和觀音極為相似的人也在拜觀音，便忍不住好奇地問道：「你就是觀音嗎？」

那人回答：「是的。」

他又問：「既是觀音，為何還要拜自己的塑身？」

觀音認真地回答說：「你來求願是因為有難事，我也會遇到難事。但我知道，求人不如求己。」

電光火石般，這人想到了雨中邂逅的那位禪師的話，頓時大悟。

佛就是如此，可以助人修行，卻不能幫你成佛。人唯有自性自度。所以佛常常說的「沒有一個眾生是需要我度的」並非自謙，而是實話。道理很簡單，人人都要自求解脫，自性自度，除了自我得救，誰都救不了你。

世上無難事，只怕有心人！世上沒有不可逾越的障礙，只要下定決心，一切困難都能迎刃而解。關鍵在於你是否準備好了，做自己生命的救世主！

大鴨游大路，小鴨游小路

聖嚴法語

臉龐因為笑容而美麗，生命因為希望而精彩，倘若說笑容是對他人的布施，那麼希望則是對自己的仁慈。

聖嚴法師幼時家貧，甚至窮到連飯也吃不飽，但是幾十年風風雨雨，他始終對生活充滿希望。人生來平等，但所處的環境未必相同。所以，不管自己處於怎樣的起點，都應該一如既往地對生活抱以熱情的微笑。

聖嚴法師教誨：「大雨天，你說雨總會停的；大風天，你說風總是會轉向的；天黑了，你說明天依然會天亮的！這就是心中有希望，有希望就有平安，就有未來。」

人間佛語

聖嚴法師小時候，有一次與父親在河邊散步，河面上有一群鴨子，游來游去，自由暢快。他站在岸邊，非常羨慕地看著這群與自己水中倒影嬉戲的鴨子。

父親停下腳步，問道：「你從中看到了什麼？」

面對父親的詢問，他心中一動，卻也不知道如何表達自己的想法。

父親說：「大鴨游出大路，小鴨游出小路，就像牠們一樣，每個人都有自己的路可以走。」

每個人都有自己的路，即使起點不同，出身不同，家境不同，遭遇不同，也可以抵達同樣的頂峰，不過這個過程可能會有所差異，有的人走得輕鬆，有的人一路崎嶇，但不論如何，豔陽高照也好，風風雨雨也罷，只要懷揣著抵達終點的希望，每個人都可以獲得自己的精彩。

在一個偏僻遙遠的山谷裡的斷崖上，不知何時，長出了一株小小的百合。它剛誕生的時候，長得和野草一模一樣，但是，它心裡知道自己並不是一株野草。它的內心深處，有一個純潔的念頭：「我是一株百合，不是一株野草。唯一能證明我是百合的方法，就是開出美麗的花朵。」它努力地吸收水分和陽光，深深地紮根，直直地挺著胸膛，對附近的雜草置之不理。

在野草和蜂蝶的鄙夷下，百合努力地釋放內心的能量。百合說：「我要開花，是因為知道自己有美麗的花；我要開花，是為了完成作為一株花的莊嚴使命；我要開花，是由於自己喜歡以花來證明自己的存在。不管你們怎樣看我，我都要開花！」

終於，它開花了。它那靈性的白和秀挺的風姿，成為斷崖上最美麗的風景。年年春天，百合努力地開花、結子。多年後，這裡被稱為「百合谷地」。因為這裡到處開滿潔白的百合。

暫時的落後一點都不可怕，自卑的心理才是最可怕的。人生的不如意、挫折、失敗對人是一種考驗，是一種學習，是一種財富。我們要牢記「勤能補拙」，既能正確認識自己的不足，又能放下包袱，以最大的決心和最頑強的毅力克服這些不足，彌補這些缺陷。人的缺陷不是不能改變，而是看你願不願意改變。只要下定決心，講究方法，就可以彌補自己的不足。

在不斷前進的人生中，凡是看得見未來的人，都能掌握現在，因為明天的方向他已經規劃好了，知道自己的人生將走向何方。留住心中的希望種子，相信自己會有一個無可限量的未來；心存希望，任何艱難都不會成為我們的阻礙。只要懷抱希望，生命自然會充滿激情與活力。

知足是幸福的起點

聖嚴法語

「每個人都渴望獲得幸福，但是在追求幸福的過程中，很多人漏失了唾手可得的快樂，還有很多人身在福中不知福。」聖嚴法師說，「很多人窮盡一生心力追尋幸福，換來的卻只是蒼蒼白髮和一聲聲唏噓，都是因為，他們不明白幸福的真諦。」

幸福的起點，來源於知足。在聖嚴法師的眼中，真正的知足是「多也知足，少也知足，沒有也知足」。

人間佛語

聖嚴法師常常將不懂得知足的人比做米缸裡的老鼠，不知道自己身邊都是可以吃的米，反而在裡面胡亂糟蹋，把米缸弄髒了，卻又要跳出去找東西吃，不但身在福中不知福，還糟蹋了自己的福報。

古時候，有戶人家有兩個兒子。當兩兄弟都成年以後，他們的父親把他們叫到面前說：「在群山深處有絕世美玉，你們都成年了，應該做探險家，去尋求那絕世之寶，找不到就不要回來了。」

兩兄弟次日就離家出發去了山中。

大哥是一個注重實際，不好高騖遠的人。有時候，即使發現的是一塊有殘缺的玉，或者是一塊成色一般的玉，甚至那些奇異的石頭，他也統統裝進行囊。

過了幾年，到了他和弟弟約定會合回家的時間，此時他的行囊已經滿滿的了，儘管沒有父親所說的絕世完美之玉，但造型各異、成色不等的眾多玉石，在他看來也可以令父親滿意了。

弟弟卻兩手空空，一無所得。弟弟說：「你這些東西都不過是一般的珍寶，不是父親要我們找的絕世珍品，拿回去父親也不會滿意的。」

弟弟拒絕回家，為了找到父親口中的絕世珍寶，他決定繼續去更遠更險的山中探尋，立誓一定要找到絕世美玉。

哥哥帶著他的那些東西回到了家中。父親建議他開一個玉石館或一個奇石館，那些玉石稍一加工，就是上品，而那些奇石也是一筆巨大的財富。

短短幾年，哥哥的玉石館已經享譽八方，他尋找的玉石中，有一塊經過加工成為不可多得的美玉，被國王御用作了傳國玉璽，哥哥因此也成了巨富。

在哥哥回來的時候，父親聽了他講述弟弟尋寶的經歷後說：「你弟弟不會回來了，他是一個不合格的探險家。他如果幸運，能中途醒悟，明白『至美是不存在的』這個道理，是他的福氣。如果他不能早悟，便只能付出一生以為代價了。」

很多年以後，父親的生命已經到了盡頭。哥哥對父親說要派人去尋找弟弟。

父親說：「不要去找了，如果經過了這麼長的時間和挫折他都不能頓悟，這樣的人即便回來又能做成什麼事情呢？世間沒有無瑕的玉，沒有完美的人，沒有絕對的事物，為追求這種東西而耗費生命的人，何其愚蠢啊！」

就像世上沒有絕對完美的玉石一樣，人生亦有不足，不可能沒有缺陷。對於每個人來講，不完美是客觀存在的，無需怨天尤人。只要包容這些無法避免的缺陷，知足自然快樂。

不要做一個苛求的完美主義者，因為苛求完美的人很少看到優點，往往只關注缺點。如果總是不知足，很少肯定自己，自己就很少有機會獲得信心，漸漸地，就會產生自卑心理。不知足就不快樂，痛苦會常常跟隨著他，也會令周圍的人不快樂。

學會欣賞別人和欣賞自己是很重要的，這是人們實現下一個目標的基石。只有知足，才能品嘗到更多的喜悅與快樂，獲得更多的自信與瀟灑。一個人，要知足、培福、惜福，在遭逢逆境時不抱怨，一帆風順時懂得感激，無論何時何地，都感到心滿意足，才會真正幸福。

第三章

虛懷若谷，見百川歸海

滴水雖微，漸盈大器；滴水雖微，見微知著。一花一世界，一葉一菩提，唯有虛懷若谷，才能在一滴水中洞見海洋，在一粒塵中得見宇宙。做一面聖嚴法師所說的「反射鏡」，觀照自己，也照亮他人。

不做那一汪死海

聖嚴法語

在聖嚴法師眼中，真正的財富，在於內心世界的寬廣、豁達與包容，更重要的是要有一顆慈悲心，以慈悲心對待眾生。

所以，他宣導眾生「要做無底的垃圾桶，要學無塵的反射鏡」，把心量放大，多接納人，多包容人，大的要包容小的，小的要諒解大的。從而實現和諧的人際關係，並最終實現「人間淨土」的理想，讓我們感受到這個世界充滿了溫暖的希望。

人間佛語

國外一位作家曾寫過這樣一篇文章：巴勒斯坦有兩個海，一個是淡水，裡面有魚，名為加利利海。從山脈流下來的約旦河帶著飛濺的浪花，成就了這個海。它在陽光下歌唱，人們在周圍蓋起了房子，鳥類在茂密的枝葉間築巢，每種生物都因它而幸福。

約旦河向南流入另一個海。這裡沒有魚的歡躍，沒有樹葉，沒有鳥類的歌唱，也沒有兒童的歡笑。除非事情緊急，旅行者總是選擇別的路徑。這裡水面空氣凝重，沒有哪種動物願意在此飲水。

這兩個海彼此相鄰，為何如此不同呢？不是因為約旦河，它將同樣的淡水注入。不是因為土壤，也不是因為周邊的國家。這兩個海的區別在於：加利利海接受約旦河，但絕不只進不出，每流入一滴水，就有另一滴水流出，接受與給予同在。

另一個海則精明厲害，它吝嗇地收藏每一筆收入，絕不向慷慨的衝動讓步，每一滴水它都只進不出。

加利利海樂善好施，生氣勃勃。另外那個海則從不付出，它就是死海。像巴勒斯坦的兩個海一樣，世上也有兩種人。一種樂於索取，一種樂於付出。吝於付出的人，他的生活也將死氣沉沉，被幸福疏遠。

人活著應該讓別人因為你活著而得到益處。學會分享、給予和付出，你會感受到捨己為人，不求任何回報的快樂和滿足。這樣的幸福猶如香水，你不可能灑向別人而自己卻不沾幾滴。的確，在生活中，超越狹隘、幫助他人、撒播美麗、善意地看待這個世界……快樂、幸福和豐收會時時與我們相伴。不吝於付出，既是一種道德與精神力量的感召，同時也是一種處世智慧和快樂之道。

靈魂最美的音樂是善良與付出，愛心也總是能夠為生命增添新的色彩。當我們像聖嚴法師所提倡的那樣，用一顆虔誠而炙熱的心去包容世間一切，並付出自己的一切的時候，心靈也能得到超脫。

俗話說：「投之以桃，報之以李。」有時候，我們只是給予了別人一顆善心，卻能夠得到對方感恩的回饋，從而聽到兩顆心跳動的聲音。人與人之間彼此包容、彼此諒解、彼此關愛的心將久久地溫暖著每一顆塵封已久的心。當一種心與心共鳴而發出的旋律奏響時，心靈浸潤其中，也會悟得一種溫情的通透，而原本覆蓋著的蒙塵也隨之被蕩滌得沒有了影蹤。

世事就是這樣，當我們左手付出愛時，便能從右手邊收穫愛。就像我們能夠在旅途所經之處播撒下各種鮮花的種子，即使我們不會再從同樣的路上經過，但是這種美的傳播讓原野變得美麗，讓道路兩側鮮花繽紛、生機盎然，讓寂寞的旅人耳目一新。

愉快的心情是一種難得的體驗，使我們生活的環境為此而煥然一新：輕風在馳騁，泉流在激濺，鳥兒在鳴啼，風的微吟、雨的低唱、蟲的輕叫、水的輕訴，顯得是那麼抑揚頓挫、長短疾徐，再加上夕陽的霞光，花兒的芬芳，高山的宏偉，彩虹的豔麗，空氣的舒爽，有這般令人陶醉的景象，你是否還願意做那一汪沉沉的死海呢？

遇謗不辯，沉默即寬容

聖嚴法語

「無樂小樂，小辯小慧；觀求大者，乃獲大安。」這是《法句經》中關於「大能容小」的偈語。聖嚴法師曾通過這一偈子告誡世人：「小辯才、小聰明是不可靠的。」

「小辯小慧」是以世俗的思想知見做辯論，即使能說得滔滔不絕，卻只能頭痛醫頭、腳痛醫腳，只見樹木不見森林。「大樂大辯」可包容一切，卻並不是非要通過激烈的方式，有時候，沉默的辯解是一種令人肅然起敬的胸襟。

人間佛語

頌曰：「不智之智，名曰真智。蠢然其容，靈輝內熾。用察為明，古人所忌。學道之士，晦以混世。……不巧之巧，名曰極巧。一事無能，萬法俱了。露才揚己，古人所少。學道之士，樸以自保。」在人生的旅途中，我們會有各種各樣的遭遇，許多時候，沉默是最好的矛與盾，進可攻，退可守。

有位修行很深的禪師叫白隱，無論別人怎樣評價他，他都會淡淡地說一句：「是這樣嗎？」

在白隱禪師所住的寺廟旁，有一對夫婦開了一家食品店，他們家裡有一個漂亮的女兒。一日，夫婦倆發現尚未出嫁的女兒竟然懷孕了。這種見不得人的事，使得她的父母震怒萬分！在父母的一再逼問下，她終於吞吞吐吐地說出「白隱」兩字。

她的父母怒不可遏地去找白隱理論，但這位大師不置可否，只若無其事地答道：「是這樣嗎？」孩子生下來後，就被送給了白隱，此時，他的名譽雖已掃地，但他並不在意，而是非常細心地照顧著孩子。他向鄰居乞求嬰兒所需的奶水和其他用品，雖不免橫遭白眼，或是冷嘲熱諷，他總是處之泰然，彷彿他是受託撫養別人的孩子一樣。

事隔一年後，這位沒有結婚的媽媽，終於不忍心再欺瞞下去了，她老老實實地向父母吐露了真情：孩子的生父是住在附近的一位少年。

她的父母立即將她帶到白隱那裡，向他道歉，請求他原諒，並將孩子帶了回來。

白隱仍然是淡然如水，他只是在交回孩子的時候，輕聲說道：「是這樣嗎？」彷彿不曾發生過什麼事；即使有，也只像微風吹過耳畔，霎時即逝！

白隱為給鄰居女兒生存的機會和空間，代人受過，犧牲了為自己洗刷清白的機會。在受到人們的冷嘲熱諷時，他始終處之泰然，只有平平淡淡的一句話——「是這樣嗎？」雍容大度的白隱禪師令人讚賞景仰。

在面對羞辱、誤解、背叛的時候，沉默本身就是一種寬容。只是對於一個世俗人來說，這種寬容會讓自己很不好受，是一種疼痛的過程。但對於悟道的人來說，這種寬容是一種快樂，因為它能夠感化犯錯的人，讓他們從內心裡反省自己的錯誤，這是一種無聲之教。面對這樣的沉默，所有語言的力量都是微不足道的。

環視芸芸眾生，能做到遭誤解、譭謗，不僅不辯解、報復，反而默默承受，甘心為此奉獻付出、受苦受難，這樣的人有幾個呢？

遇謗不辯，是一種多麼難得的人生智慧。當誹謗發生後，一味地爭辯往往會適得其反，不是越辯越黑，便是欲蓋彌彰。這時候，往往沉默是金，讓清者自清，而濁者自濁，這才是明智的選擇。誹謗最終會在事實面前不攻自破的。在現實生活中，擁有「不辯」的胸襟，就不會與他人針鋒相對，睚眥必報；擁有「不辯」的情操，寬恕永遠多於怨恨。

拔除嗔怒的毒根

聖嚴法語

在貪、嗔、癡、慢、疑五毒中，「嗔」是煩惱毒的根源。所謂一念嗔心起，八萬障門開。

聖嚴法師說：「生活中，很多人只要心中有嗔、有怨、有恨，很快就會從臉色、言辭、行動上表現出來。修行人要得心安穩安定，感到喜悅安樂，一定要把嗔心除掉。有些人沒有表現貪慾，但嗔心很重；他不求名位、利祿、權勢，也不想追求男色、女色，但對很多事情、很多人都看不順眼。既然對任何事都怨憤不平，對任何人都採取對立的心態，心中豈能安定？」

人間佛語

在日常生活中，人的貪慾可以隱藏在內心深處，而很少有人能夠喜怒不形於色。大多數人快樂時可以不動聲色，而怒氣卻往往很明顯地就浮現在臉上或者付諸於報復之中。

嗔怒就像是一匹脫韁的野馬，奔跑的方向難以掌控。所以聖嚴法師認為嗔心的毒害最大，其爆發往往有相對性，一旦發作，害人害己，是雙重的罪惡，「殺嗔心安穩，殺嗔心不悔；嗔為毒之根，嗔滅一切善」。

一個人若能夠時刻提醒自己以一顆寬容之心對己對人，以一份豁達的心境面對人與事，那麼，這個人就能夠除去很多煩惱，保持一顆寧靜的心。「壁立千仞，無欲則剛」，布施心讓人變得更加堅強；「海納百川，有容乃大」，寬容心讓人更加柔韌。堅忍是一種特質，像水一樣，刀劍斬不斷，繩索縛不住，牢籠困不得，而水滴卻能穿石。

有一天，佛陀在竹林精舍的時候，忽然來了一個人，那人憤怒地衝進精舍來。原來是他同族的人，都到佛陀這裡來出家了，因此，他大發嗔火。

佛陀默默地聽了他的無理辱罵後，等他稍微安靜時，對他說：「你的家偶爾也有訪客吧？」

那人回答：「當然有了，你為什麼問這些呢？」

佛陀不答，繼續問道：「那個時候，你偶爾也會款待客人吧？」

那個人說：「那是當然了。」

佛陀繼續問：「假如那個時候，訪客不接受你的款待，那麼，那些菜餚應該歸誰呢？」

那個人回答：「要是他不吃的話，那些菜餚只好歸我了。」

佛陀以慈祥的目光盯著他看了一會兒，然後說：「你今天在我面前說很多壞話，但是我並不接受它，所以你的無理謾罵，那是歸於你自己的啊！婆羅門啊，如果我被謾罵，而再以惡語相向時，就有如主客一起用餐一樣，因此，我不接受這個菜餚。」

然後，佛陀說：「對憤怒的人還以憤怒是一件不應該的事。對憤怒的人，不以憤怒還牙的人，將可得到兩個勝利：知道他人的憤怒，而以正念鎮靜自己的人，不但勝於自己，而且勝於他人。」

面對他人的無理謾罵，佛陀並未生氣，而是以一種平和的心態對待，甚至以一顆寬容之心為他剖析其中緣由。實際上這是佛陀對他的點悟和開示，是否能夠參透，則要看他自己的造化了。

生活在凡塵俗世，難免與人發生衝突，難免遭別人誤會猜疑。你的一念之差、你的一時之言，也許別人會加以放大和責難；你的認真、你的真誠，也許會被別人誤解和中傷。如果非得以牙還牙、拚個你死我活，如果非得為自己辯駁澄清，可能會導致兩敗俱傷，還不如拔除嗔怒的毒根，做一個輕鬆之人。

在聖嚴法師眼中，滅嗔心是修行的必經之路，「如果能滅嗔心，就能修行一切善法。當嗔心的火熄滅時，對人會生起慈悲心，會以關懷、原諒、同情的心待人；當嗔心消滅時，對一切事物的決斷，會以純客觀的智慧來處理自己的問題，分析他人的問題，化解一切麻煩的問題。所以說一旦嗔心滅，一切善法生了。」所以，眾生在修行之時要學會以豁達的心胸待人處世，不以人之犯己而動氣，而以祥和慈悲的態度面對一切事、一切人，就能夠在世事面前如流水一樣，可方可圓、順其自然，過幸福的人生。

境由心造，後退一步天地寬

聖嚴法語

聖嚴法師曾經將慈悲與智慧比作飛鳥的一雙翅膀，兩者並存，才能夠幫助人在修行的路上走得更遠。

一顆包容之心，既蘊涵著善良的心意，又是一種人生智慧的體現。當包容心漸起的時候，人的自我觀念就會減少，以一顆菩提心提升自我，關照他人。

人間佛語

四川青城山有一副很有名的對聯：「事在人為，休言萬般皆是命；境由心造，退後一步自然寬。」自古以來，寬厚的品德、寬容的性格就為世人所稱頌，心胸狹窄被認為是一種缺陷。

唐朝時，狄仁傑與婁師德同朝為臣。但狄仁傑非常看不起婁師德，而婁師德卻並不計較這些，他還曾向武則天推薦狄仁傑當宰相。

有一次，武則天問狄仁傑說：「婁師德賢能嗎？」

狄仁傑回答說：「作為將領只要能夠守住邊疆，賢能不賢能我不知道。」

武則天又說：「婁師德能夠知人善任嗎？」

狄仁傑回答：「我曾經與他共事，沒有聽到他能夠瞭解人。」

武則天說：「我任用你就是婁師德推薦的。」

狄仁傑知道後非常慚愧，儘管自己經常對他嗤之以鼻，但是婁師德卻仍然能以寬厚、公平的心來對待自己。他深深地感嘆道：「婁公德行高尚，我已經享受他德行的好處很久了。」

婁師德不僅不計前嫌，反而向皇帝推薦狄仁傑，正所謂任人唯賢，這種特質非常難得。包容別人，也會給自己創造更大的心靈空間。

以包容的胸襟處世待人，既是禪修者修禪時必經的心路歷程，同時也是我們每個人都應該具有的一種生活態度。包容本身包含著謙遜。古人說：「謙受益，滿招損。」一人只有具備「海納百川，有容乃大」的博大氣魄，才能夠束縛住自己內心不安分的念頭，平心靜氣地學習他人的長處，彌補自己的短處，充實自我，成就自我。

俗話說「宰相肚裡能撐船」，要想做一個能成大事的人，必須具備一顆包容之心。一個人要想成功，只有處處多為別人著想，包容別人，才會得到更多人的理解和支持，夢想才會更容易實現。

第四章

即刻回頭，自能上岸

奔波忙碌的現代人，總是被規劃限制，被標準約束。若心裡有慾望，心裡有比較，心裡有執著，就無法走向圓融的道路。莫若放下一切，即刻回頭，岸就在眼前。

放下萬緣，如自在浮雲

聖嚴法語

萬里行遊而心中不留一念，漫步雲端而世事無所牽繫，這般情境是否令你心馳神往？而世事因緣聚散無常，聖嚴法師說：「只有放下，才能獲得真正的自由。」

禪宗認為，一個人只有把一切受物理、環境影響的東西都放掉，萬緣放下，才能夠逍遙自在。而人之所以無法達到這般灑脫的境地，就是因為無法放下。

人間佛語

有一個人拿了兩個花瓶前來獻佛。

佛陀對他說：「放下！」

那個人就把他左手拿的那個花瓶放下了。

佛陀又說：「放下！」

那個人又把右手拿的那個花瓶放下了。

佛陀還是對他說：「放下！」

那個人說：「能放下的我已經都放下了，我現在兩手空空，沒有什麼可以再放下了，你到底讓我放下什麼呢？」

佛陀說：「我讓你放下的，你一樣也沒有放下；我沒有讓你放下的，你全都放下了。花瓶是否放下並不重要，我要你放下的是你的六根、六塵和六識。你的心已經被這些東西填滿了，只有放下這些，你才能從生活的桎梏中解脫出來，才能懂得真正的生活。」

那個人終於明白了。佛陀說的「放下」這兩個字聽起來容易，做起來卻很難。

有的人追求功名，自然放不下功名；追求金錢，就放不下金錢；追求愛情，就放不下愛情；有了嫉妒，就放不下嫉妒。世人有幾個能真正地「放下」呢？

心理的壓力遠遠重於手上的花瓶，「放下」，不失為一條獲得幸福的絕妙方法！

禪師給了中年人一個簍子讓他背在肩上，指著前方一條坎坷的道路說：「每當你向前走一步，就彎下腰來撿一粒石子放在簍子中，然後看看會有什麼感受。」

中年人照著禪師的指示去做，他背上的簍子裝滿了石頭後，禪師問他一路走來有什麼感受。他回答說：「感到越來越沉重。」

禪師說：「每一個人來到這個世界上時，都背負著一個空簍子。我們每往前走一步就會從這個世界上撿一樣東西，因此才會有越來越累的感慨。」

中年人又問：「那麼有什麼方法可以減輕人生的重負呢？」

禪師反問他：「你是否願意將名聲、財富、家庭、事業、朋友拿出來捨棄呢？」

那人默然，不能回答。

世人身體上的重擔，心靈上的壓力，何止手上的兩個「花瓶」呢？花瓶還未放下，更多的人還在不斷地往自己的背簍裡加石子，使我們的步履一步步沉重。而這些重擔與壓力，使人活得異常艱辛。

聖嚴法師說：「能夠放下的人，就是有智慧的人，是自在的人，是解脫的人。」提放自如，是經歷了大風大浪之後的大徹大悟，是感悟人生的喜樂哀愁之後的身心空靈，也是一種走到蜿蜒小徑的盡頭之後的豁然開朗。曲徑通幽處，別有洞天。

因而，在繽紛的社會中，學會「放下」可以使心靈獲得解脫，讓自己活得灑脫。只有放下萬緣，我們才能如白雲悠然，清閒自在天地間。

得失常掛心，寵辱皆心驚

聖嚴法語

「諸慾求時苦，得之多怖畏。失時懷熱惱，一切無樂時。」慾望太多，又怎麼能活得快樂？聖嚴法師說：「與慾望相伴的常常是痛苦，不論是追求的時候、得到的時候或者失去的時候，都是苦惱。」

雖然幾乎人人有過這種經驗，但仍然很難覺悟，總是在貪慾之中轉個不停。

人間佛語

有一個木車輪因為被砍下了一角而傷心鬱悶，它下決心要尋找一塊合適的木片重新使自己完整起來，於是離開家開始了長途跋涉。

不完整的木車輪走得很慢，一路上，陽光柔和，它認識了各種美麗的花朵，並與草葉間的小蟲攀談；當然也看到了許許多多的木片，但都不太合適。

終於有一天，車輪發現了一塊大小形狀都非常合適的木片，於是馬上將自己修補得完好如初。可是欣喜若狂的輪子忽然發現，眼前的世界變了，自己跑得那麼快，根本看不清花兒美麗的笑臉，也聽不到小蟲善意的鳴叫。

於是，車輪停下來想了想，又把木片留在了路邊，自個兒走了。

失去了一角，卻飽覽了世間的美景；得到了想要的圓滿，步履匆匆，卻錯失了怡然的心境，所以有時候失也是得，得即是失。也許當生活有所缺陷時，我們才會深刻地感悟到生活的真實，這時候，失落反而成全了完整。

從上面故事中我們不難發現，盡善盡美未必是幸福生活的終點站，有時反而會成為快樂的終結者。得與失的界限，你又如何準確地劃定呢？當你因為有所缺失而執著追求完美時，也許會適得其反，在強烈的得失心的籠罩下失去頭上那一片晴朗的天空。

據說，愛斯基摩人捕獵狼的辦法世代相傳，非常特別，也非常有效。嚴冬季節，他們在鋒利的刀刃上塗上一層新鮮的動物血，等血凍住後，他們再往上塗第二層血；再讓血凍住，然後再塗……

就這樣，很快刀刃就被凍血掩藏得嚴嚴實實了。

然後，愛斯基摩人把血包裹住的尖刀反插在地上，刀把結實地紮在地上，刀尖朝上。當狼順著血腥味找到這樣的尖刀時，牠們會興奮地舔食刀上新鮮的凍血。融化的血液散發出強烈的氣味，在血腥的刺激下，牠們會越舔越快，越舔越用力，不知不覺所有的血被舔乾淨，鋒利的刀刃暴露出來。

但此時，狼已經嗜血如狂，牠們猛舔刀鋒，在血腥味的誘惑與冰天雪地的麻痺下，根本感覺不到舌頭被刀鋒劃開的疼痛。

在北極寒冷的夜晚裡，狼完全不知道牠舔食的其實是自己的鮮血。牠只是變得更加貪婪，血越流越多，直到最後精疲力竭地倒在雪地上。

生活中很多人都如故事中的狼，在慾望的旋渦中越陷越深，又像漂泊於海上不得不飲海水的人，越喝越渴。

可見，得與失的界限，你永遠也無法準確定位，自認為得到越多，可能失去也會越多。所以，與其把生命置於貪婪的懸崖峭壁邊，不如隨性一些，灑脫一些，不患得患失，做到寵辱不驚，保持一份難得的理智。

坦然地面對所有，享受人生的一切，得到未必幸福，失去也不一定痛苦。得到時要淡定，要克制；失去時要堅強，要理智。兜兜轉轉，尋尋覓覓，浮浮沉沉，似夢似真，一路行走一路歌唱。像聖嚴法師所言，「做一個虔誠的朝聖者，可以不拜佛不敬神，永遠地感恩生活的賜予，便會獲得最美好的祝福。」

一切不幸都只是過程

聖嚴法語

人生像一場夢，無定，虛妄，短促，還要承受某些無法避免的痛苦。

聖嚴法師曾在《空花水月》中提到：「從苦難中走出來的人，即使正在受苦，也不會覺得那麼痛苦，因為對於他來說，已沒有困難這回事。能不以苦難為苦難，這就是真正的滅苦。因此，消極的出世，並不能帶來真正的快樂。只有積極的知苦、體會苦，從苦難中成長，才可以真正地離苦得樂。」

人間佛語

人生就像天氣一樣變幻莫測，有晴有雨，有風有霧。無論誰的人生，都不可能一帆風順，況且，一帆風順的人生，就像是沒有顏色的畫面，蒼白枯燥。

等人老了的時候，回過頭看看自己走過的路，開心的、傷心的，不都成了過眼雲煙嗎？一路走過來，難免會有許多辛酸的淚水，難免會有許多歡樂的笑聲，當一切成為過去，誰還記得曾經有多痛，曾經有多快樂。

按照這種思路想來，一切都會過去的。那麼，對於眼前的不幸，又何必過於執著？世間萬事，來不可阻擋，去也不必挽留。生生死死，哭哭笑笑，一切的幸與不幸，都只是一個過程。

佛印正坐在船上與東坡把酒話禪，突然聽到有人喊：「有人落水了！」

佛印馬上跳入水中，把人救上岸來。被救的原來是一位少婦。

佛印問：「妳年紀輕輕，為什麼尋短見呢？」

「我剛結婚三年，丈夫就拋棄了我，孩子也死了，你說我活著還有什麼意思？」

佛印又問：「三年前妳是怎麼過的？」

少婦的眼睛一亮：

「那時我無憂無慮、自由自在。」

「那時妳有丈夫和孩子嗎？」

「當然沒有。」

「那妳不過是被命運送回到了三年前。現在妳又可以無憂無慮、自由自在了。」

少婦揉了揉眼睛，恍如剛從夢中醒來。她想了想，向佛印道過謝便走了。之後，這位少婦再也沒有尋過短見。

三年前少婦是快樂的，三年中有丈夫和孩子的相伴，她也是幸福的；而三年後一旦失去，卻陷入了痛苦的泥潭，不能自拔。緣起緣滅，得到失去，都是人生中的一段經歷。世人癡迷，三年前的快活猶在心中，卻難以抵消三年後的苦惱。蘇軾曾在赤壁慨歎道：「人生如夢，一樽還酹江月。」既是如此，又何苦執著？因為一切都將過去。

眾生苦苦尋求，就是為了離苦得樂，然而，什麼才是快樂的真正法門？聖嚴法師憐憫眾生，為在苦海中沉浮的眾生開示：「不要討厭壞境界，也不要貪求好現象，只有不忮不求，才能無欠無賒，才能體會到真正的快樂。」命運弄人，它總是喜歡以玩笑來捉弄世人，那麼，我們又何必太當真呢？有時候不妨也以遊戲的心態面對，「遊戲」不是態度，而是一種心情。

緣起緣滅，得到失去，好或不好，都是生命的常態，然而這一切都將過去。所以，在順境中，不可得意忘形；在逆境中，不要自暴自棄，以心靈的常態對待生命就可以了。反正我們是赤條條地來，赤條條地去，把一切不幸都看成一種難得的體驗好了。即使明天就是世界末日，也要為你能在有生之年體驗末日而感到幸運。

人從生到死，就像一場風吹過，走過春夏，捲過秋冬；走過悲歡，捲過聚散；走過紅塵遺恨，捲過世間恩情。人生如夢，夢如人生。生命盡頭，多少事，都付之笑談中。

一念貪心起，火燒功德林

聖嚴法語

對金錢的渴望人人都有，只是程度有深有淺。眷戀少者明白金錢買不到幸福，但沉迷於物質慾望之網的人被金錢束縛得越來越緊。

人為財死，鳥為食亡，歷史上的眾多典故，現實生活中發生的事情都印證了這句話的真實性，但聖嚴法師說：「錢少一點，結的緣多一些，無慾少貪，才是最可貴的財富。」

人間佛語

禪宗中有一戒是手上不能拿金錢，而是十指相合，這一虔誠的姿勢旨在告訴世人，莫讓金錢腐蝕了清澄的內心。

金錢於我們的生活而言，確實很重要，但金錢不是萬能的。錢是我們生活的僕人，千萬不要顛倒了位置，因為貪婪而成為它的奴隸。過多的金錢並非是一件好事，有時候反而會要了人的命。

有一個人潦倒得連床也買不起，家徒四壁，只有一張長凳，他每天晚上就在長凳上睡覺。

他向佛祖祈禱：「如果我發財了，我絕對不會像現在這樣吝嗇。」

佛祖看他可憐，就給了他一個裝錢的口袋，說：「這個袋子裡有一個金幣，當你把它拿出來以後，裡面又會有一個金幣，但是當你想花錢的時候，只有把這個錢袋扔掉才能花。」

那個窮人就不斷地往外拿金幣，整整一晚上沒有閉眼，他家地上到處都是金幣。

這一輩子就是什麼也不做，這些錢也足夠他花了。每次當他決心扔掉那個錢袋的時候，他都捨不得。於是，他不吃不喝地一直往外拿著金幣，直到屋子裡裝滿了金幣。

可是，他還是對自己說：「我不能把袋子扔了，錢還在源源不斷地出來，還是讓錢更多一些的時候再把袋子扔掉吧！」

到最後，他虛弱得沒有把錢從口袋裡拿出來的力氣了，但是他還是不肯把袋子扔了。最後，他終於死在了錢袋的旁邊，屋子裡裝的滿滿都是金幣。

佛祖憐憫這個窮人，賜予他想要的財富，他卻不能控制住自己內心的貪慾，裝金幣的袋子成了吸食生命的無底洞。慾望無窮，生命難保。

在物慾方面，凡是過分地追求和佔有，都是貪慾。而貪慾不僅會造成心理上的負擔，也會為自己帶來痛苦。所以物質方面的少慾知足，往往能夠營造安定的心境和安全的處境。金錢並不是能夠滿足人心靈的東西，雖然它能為人心靈的滿足提供多種手段和工具，但在現實生活中，你不能只顧享受金錢而不去享受生活。享受金錢只能讓自己早日墮落，而享受生活能夠使自己不斷享受人生的幸福。

一九七一年，聖嚴法師獲得碩士學位時，他的老師坂本幸男博士對他說了一句話：「道心之中有衣食，衣食之中無道心。」多年之後，這句話仍然是聖嚴法師的金錢觀，人能夠在修行中獲得富足的生活，卻不能在金錢的享用中悟得正道，所以他主張人應該將自己的財富布施到社會中去，錢少一些，結緣多一些，這樣才能夠獲得更圓滿的功德。

第五章

心中有天籟，但奏無弦琴

箭未離弦時，便看到它在天空中飛行的軌跡，這是神射手的境界；閉著眼睛在月夜行走，不曾抬頭便洞悉月圓或者月缺，這是明眼人的境界；手持無弦琴，耳邊盡是動人天籟，這是有心人的境界。智者，應做心眼合一的神射手，成處處會心的明眼人。

不嫉妒，才能得救贖

聖嚴法語

嫉妒心是美好生活中的毒瘤，是修行者悲心與慧命的絆腳石。

聖嚴法師說：「自己得不到就放不下心，心裡好像有一股酸酸的味道，這便是嫉妒心。」嫉妒別人其實是一種著實難受的滋味，雖然明白自己可能永遠不可能得到對方的成果和美譽，但是嘴上不肯承認，還試圖從對對方的藐視或者打擊中獲得平衡，這種酸葡萄的心理有百害而無一利。

人間佛語

嫉妒像是用冰塊磨製而成的冷箭，只能在暗處偷襲，而不敢在陽光下發射；

嫉妒是由陰謀捆綁而成的棍棒，只能在潛伏中抽打別人的影子，從來不能擺到檯面上。

嫉妒，是平庸的情調對卓越才能的反感；是一種啃噬人的內心，讓人欲罷不能的疾病；是一種與人有害、於己無益的消極情緒。

在嫉妒這種疾病面前，很多人都成了患者，不論家世地位，不論出身背景，很多人都躲不開這種病毒的侵襲。

有這樣一則故事：

在遠古時代，摩伽陀國有一位國王飼養了一群象。象群中，有一頭象長得很特殊，全身白皙，毛柔細光滑。後來，國王將這頭象交給一位馴象師照顧。這位馴象師不只照顧牠的生活起居，還很用心地教牠。這頭白象十分聰明、善解人意，過了一段時間之後，他們已建立了良好的默契。

有一年，這個國家舉行大慶典。國王打算騎白象去觀禮，於是馴象師將白象清洗、裝扮了一番，在牠的背上披上一條白毯子後，交給國王。

國王在一些官員的陪同下，騎著白象進城看慶典。由於這頭白象實在太漂亮了，民眾都圍攏過來，一邊讚嘆、一邊高喊著：「象王！象王！」這時，騎在象背上的國王，覺得所有的光彩都被這頭白象搶走了，心裡十分生氣、嫉妒。他很快地繞了一圈，然後就不悅地返回王宮。

一回王宮，他就問馴象師：「這頭白象，有沒有什麼特殊的技藝？」馴象師問國王：「不知道國王您指的是哪方面？」國王說：「牠能不能在懸崖邊展現牠的技藝呢？」馴象師說：「應該可以。」國王就說：「好。那明天就讓牠在波羅奈國和摩伽陀國相鄰的懸崖上表演。」

隔天，馴象師依約把白象帶到那處懸崖。國王就說：「這頭白象能以三隻腳站立在懸崖邊嗎？」馴象師說：「這簡單。」他騎上象背，對白象說：「來，用三隻腳站立。」果然，白象立刻就縮起一隻腳。國王又說：「牠能兩腳懸空，只用兩腳站立嗎？」「可以。」馴象師就叫牠縮起兩腳，白象很聽話地照做了。國王接著又說：「牠能不能三腳懸空，只用一腳站立？」

馴象師一聽，明白國王存心要置白象於死地，就對白象說：「你這次要小心一點，縮起三隻腳，用一隻腳站立。」白象也很謹慎地照做。圍觀的民眾看了，熱烈地為白象鼓掌、喝彩！國王愈想心裡愈不平衡，就對馴象師說：「牠能把後腳也縮起，全身飛過懸崖嗎？」

這時，馴象師悄悄地對白象說：「國王存心要你的命，我們在這裡會很危險。你就騰空飛到對面的懸崖吧！」不可思議的是，這頭白象竟然真的把後腳懸空飛起來，載著馴象師飛越懸崖，進入波羅奈國。

波羅奈國的人民看到白象飛來，全城都歡呼起來。國王很高興地問馴象師：「你從哪兒來？為何會騎著白象來到我的國家？」馴象師便將經過一一告訴國王。國王聽完之後，嘆道：「人的心胸為什麼連一頭象都容納不下呢？」

真正的王者絕不會容不得他人的光芒存在，就像自己是一顆鑽石一樣，周圍的珍珠只會襯托它的雍容華貴，而不會削減它的魅力。

聖嚴法師認為嫉妒是一種危險的情緒，它源於人對卓越的渴望與心胸的狹窄。嫉妒可以使天才落入流言、惡意和唾液編織而成的網中被絞殺，也可能令智者陷入個人與他人利益的衝撞中而尋不到出路。它不但損害著他人，也毀滅著自己。

產生了嫉妒心理並不可怕，關鍵要看你能不能正視嫉妒，並將其轉化為自己的動力。與其讓嫉妒啃噬著自己的內心，不如昇華這種嫉妒之情，把嫉妒轉化為成功的動力，化消極為積極，做一個「心隨朗月高，志與秋霜潔」，虛懷若谷、包容萬千的人。

境隨心轉是聖賢

聖嚴法語

有位老婆婆有兩個兒子，大兒子賣傘，小兒子賣扇。雨天，她擔心小兒子的扇賣不出去；晴天，她擔心大兒子的生意難做，終日愁眉不展。

一天，她向一位路過的僧人說起此事。僧人哈哈一笑：「老人家你不如這樣想，雨天，大兒子的傘會賣得不錯；晴天，小兒子的生意自然很好。」

老婆婆聽了，十分開心。

悲觀與樂觀，其實就在一念之間，就像聖嚴法師所言：「心隨境轉是凡夫，境隨心轉是聖賢。」

人間佛語

世界上什麼人最快樂呢？有個笑話說，世界上賣豆子的人應該是最快樂的。假如他們的豆子賣不完，可以拿回家去磨成豆漿，再拿出來賣給行人。如果豆漿賣不完，可以製成豆腐，豆腐賣不成，變硬了，就當做豆腐乾來賣。而豆腐乾賣不出去的話，就把這些豆腐乾醃起來，變成豆腐乳。

還有一種選擇是：賣豆人把賣不出去的豆子拿回家，泡上水讓豆子發芽，幾天後就可改賣豆芽。豆芽如賣不動，就讓它長大些，變成豆苗。如豆苗還是賣不動，再讓它長大些，移植到花盆裡，當做盆景來賣。如果盆景賣不出去，那麼再把它移植到泥土中去，讓它生長。幾個月後，它結出了許多新豆子。一顆豆子現在變成了上百顆豆子，想想那是多麼划算的事！

一顆豆子在遭遇冷落的時候，可以有無數種精彩選擇。人更是如此，當你遭受挫折的時候，千萬不要喪失信心，稍加變通，再接再厲，就會有美好的前途。條條大路通羅馬，不同的只是沿途的風景，而在每一種風景中，我們都可以發現獨一無二的精彩。

有一位失敗者非常消沉，他經常唉聲嘆氣，很難調整好自己的心態，因為他始終難以走出自己心靈的陰影。他總是一個人待著，脾氣也慢慢變得暴躁起來。他沒有跟其他人進行交流，他更沒有把過去的失敗統統忘掉，而是全部鎖在心裡。但他並沒有嘗試著去尋找失敗的原因，因此，雖然始終把失敗揣在心裡，卻沒有真正吸取失敗的教訓。

後來，失敗者終於打算去諮詢一下別人，希望能夠幫自己擺脫困境。於是，他決定去拜訪一名成功者，從他那裡學習一些方法和經驗。他和成功者約好在一座大廈的大廳見面，當他來到那個地方時，眼前是一扇漂亮的旋轉門。他輕輕一推，門就旋轉起來，慢慢將他送進去。剛站穩腳步，他就看到成功者已經在這裡等候自己了。

「見到你很高興，今天我來這裡主要是想向你學習成功的經驗。你能告訴我成功有什麼竅門嗎？」失敗者虔誠地問。

成功者突然笑了起來，用手指著他身後的門說：「也沒有什麼竅門，其實你可以在這裡尋找答案，那就是你身後的這扇門。」

失敗者回過頭去看，只見剛才帶他進來的那扇門正慢慢地旋轉著，把外面的人帶進來，把裡面的人送出去。兩邊的人都順著同一個方向進進出出，誰也不影響誰。

「就是這樣一扇門，可以把舊的東西放出去，把新的東西迎進來。我相信你也可以做得到，而且你會做得更好！」成功者鼓勵他說。

失敗者聽了他的話，也笑了起來。

失敗者與成功者的最大區別是心態的不同。失敗者的心態是消極的，結果終日沉湎於失敗的往事，被痛苦的陰影籠罩，無法解脫；而成功者的心態是開放的、積極的，能從一扇門領悟到成功的哲理，從而取得更多的成就。

心隨境轉，必然為境所累；境隨心轉，紅塵鬧市中也有安寧。人生像是一張白紙，色彩由每個人選擇；人生又像是一杯白開水，放入茶葉則澀，放入蜂蜜則甜，一切都在自己的掌握中。打開心靈的旋轉門，悲傷與快樂進進出出，人生每分每秒都有美麗風景。

自知之明是生命的完美底線

聖嚴法語

天生的聖人，畢竟不多，聖人也往往是由凡人修行而成的。在修行中，人難免會暴露出自己的種種缺點和不足。有些人，在順境中，自負自大，不可一世；而一旦遭遇挫折，便會覺得荊棘滿地而一蹶不振。聖嚴法師在分析這些人的時候，認為他們所缺少的是自知之明，不清楚自己的缺點，也不知道自己的實力。所以，人要有自知之明，量力而為，才不會力不從心。

人間佛語

人貴有自知之明。但自知的獲得，又談何容易？只有經歷暴風驟雨的洗禮，雪壓霜欺的磨礪，在無數次的跌倒中爬起，才能夠找到真實的自我，才能夠正確面對自己的對與錯、美與醜、善與惡，從內心做到不怨天尤人，真正認識到自己的能力，再通過不斷修補與完善，向更加完美的人生靠近。

可見，自知之明的「貴」字來得何其不易！

有自知之明，就意味著：無論我們做什麼，雖然要盡力而為，但也要量力而行。因為一個人無論怎麼強大，在能力上都會有一個「底線」。

在一座深山中藏著一座千年古剎，有一位高僧隱居在此。聽到他的名聲，人們都千里迢迢來找他，有的人想向大師求解人生迷津，有的人想向大師討一些武功秘笈。

他們到達深山的時候，發現大師正從山谷裡挑水。他挑得不多，兩個木桶都沒有裝滿。

按他們的想像，大師應該能夠挑很大的桶，而且挑得滿滿的。

他們不解地問：「大師，這是什麼道理？」

大師說：「挑水之道並不在於挑多，而在於挑得夠用。一味貪多，會適得其反。」眾人越發不解。大師從他們中拉了一個人，讓他重新從山谷裡打了兩桶滿滿的水。那人挑得非常吃力，搖搖晃晃，沒走幾步，就跌倒在地，水全都灑了，那人的膝蓋也摔破了。

「水灑了，豈不是還得回頭重打一桶嗎？膝蓋破了，走路艱難，豈不是比剛才挑得更少嗎？」大師說。

「那麼大師，請問具體挑多少，怎麼估計呢？」

大師笑道：「你們看這個桶。」

眾人望去，桶裡畫了一條線。

大師說：「這條線是底線，水絕對不能高於這條線，高於這條線就超過了自己的能力和需要。起初還需要畫一條線，挑的次數多了，就不用看那條線了，憑感覺就知道是多是少。有這條線，可以提醒我們，凡事要盡力而為，也要量力而行。」

眾人又問：「那麼，底線應該定多低呢？」

大師說：「一般來說，越低越好，因為低的目標容易實現，人的勇氣不容易受到挫折，相反會培養起更大的興趣和熱情，長期下來，循序漸進，自然會挑得更多、挑得更穩。」

無論是大師，還是普通人，在能力上都會有一個底線，如果超過了這個底線，去做力不能及的事，那麼，再強健的人也會摔跤。

人貴有自知之明，難得真正瞭解自己、戰勝自己、駕馭自己。自以為自知同真正自知不同，自以為瞭解自己是大多數人容易犯的毛病，真正瞭解自己是少數人的明智。人生如秤：對自己的評價稱輕了，容易自卑；稱重了，又容易自大；只有稱準了，才能實事求是、恰如其分地感知自我，完善自我。

自知無知才求知，自知無畏才拚搏。好說己長便是短，自知己短便是長。自知度愈高，求知慾愈強。學然後知不足，知然後更求知。掌握的東西越多，越感到自己學識的短淺。因此，有人說自知之明是比才能更罕見、更優美、更珍奇的東西，它總是在無邊的黑夜中熠熠發光，為行人指引正確的方向。

懂得感恩，萬事隨緣心不亂

聖嚴法語

「心如工畫師，畫種種五陰；一切世界中，無法而不造。」

聖嚴法師非常喜歡這條偈語，短短的二十字，卻道出了深刻的道理，我們的心就像是一個非常高明的畫家，能夠極其細膩地畫出身心活動的一切現象，甚至我們所處的環境，也都是由這個內心的畫家創造出來的。

感恩之心，是眾多心靈畫筆中最神奇的一支，猶如造物主，創造了更多奇蹟。

人間佛語

造物主雖然神奇，但是他給每個國家、每個地區的東西，確實都不多。比如，

大師的智慧
亂世醒鐘•聖嚴法師

他僅給杭州一個西湖，僅給曲阜一個孔子。他給予每個人的東西就更少了。他只給了牛頓一個蘋果，而且還是丟過去的；他只給了迪士尼一隻老鼠，當這隻老鼠到達的時候，迪士尼甚至連一塊麵包都沒有。

造物主的饋贈雖然少得可憐，但是那饋贈卻像酵母一樣，催生出無數奇蹟。只有有心人才會發現他的饋贈是多麼豐厚。

聰明的江南人利用西湖把杭州變成了天堂；智慧的北方人則利用孔子把曲阜變成了聖地。所以，每個人都應該學會感恩。你雖然沒有別人英俊瀟灑，但你可能身強體壯；你雖然不會琴棋書畫，但你可能思維敏捷……你不可能擁有生活的全部，但是造物主也一定不會虧待你。

幸福只降臨在認為自己幸福的人身上，生活永遠是比上不足比下有餘的，若總是將心靈的畫布塗上黑壓壓的色彩，那麼，自然難以領略冬日暖陽的溫暖。

從前，有一個人，他生前善良且熱心助人，所以他死後，到了西方極樂世界，做了佛祖的侍者，善良的他仍時常到凡間幫助人。

一日，他遇見一個農夫，農夫的樣子非常苦惱，農夫向他訴說：「我家的水牛病死了，沒牠幫忙犁田，那我怎能下田作業呢？」於是，侍者賜給農夫一頭健壯的水牛，農夫很高興，侍者在這個農夫身上感受到了幸福的味道。

又一日，他遇見一個男人，男人非常沮喪地訴說道：「我的錢被騙光了，沒盤纏回鄉。」

於是，侍者給男人銀兩作路費，男人很高興，侍者在這個男人身上也感受到了幸福的味道。

後來，他遇見一個詩人，詩人年輕、英俊、有才華且富有，妻子貌美而溫柔，但詩人過得不快活。

侍者問詩人：「你不快樂嗎？我能幫你嗎？」

詩人對侍者說：「我什麼都有，只欠一樣東西，你能夠給我嗎？」

侍者回答說：「可以。你要什麼我都可以給你。」

詩人直直地望著侍者：「我想要的是幸福。」

這下子可把侍者難倒了，侍者想了想，說：「我明白了。」

然後，侍者把詩人所擁有的都拿走了。

侍者拿走了詩人的才華，毀了詩人的容貌，奪去了詩人的財產和詩人妻子的性命。

侍者做完這些事後，便離去了。

一個月後，侍者再回到詩人身邊，詩人那時餓得半死，衣衫襤褸地在生活中苦苦掙扎。

於是，侍者把詩人的一切還給他。然後，又離去了。

半個月後，侍者再去看詩人。

這次，詩人摟著妻子，不停地向侍者道謝。因為，他得到幸福了。

幸福是什麼？一千個人就會有一千種答案。在需要時及時得到是幸福，失而復得也是幸福。珍惜得到的一切，珍惜擁有的一切，感恩生活，感恩造物主，幸福就是此時此刻。對於我們能擁有的和已經擁有的一切，人應該懂得感恩和知足。

沒有陽光，就沒有溫暖；沒有雨露，就沒有五穀的豐登；沒有水源，就沒有生命；沒有親情、愛情和友情，就沒有愛的溫暖相伴。感恩生活，萬事隨緣，自然海闊天藍，雲淡風輕。

卸去抱怨的心靈枷鎖

聖嚴法語

「抱怨」存在於我們生活中的每一個角落，就好像美麗也總是在不經意間闖入我們的視野一樣。抱怨會帶來煩惱，痛苦會像滾雪球一樣，越來越大，越來越沉重。

如何擺脫抱怨的情緒？聖嚴法師開示：不要抱怨別人，傾聽別人的抱怨，接受別人的抱怨。有一顆不抱怨的心，美麗便會盡收眼底。

人間佛語

佛陀經過了多次輪迴才終得正果，他想知道世間其他生命如何看待自己這一世的修行，便詢問眾生，假如可以重新選擇，將會怎樣選擇今生的生活。

眾生的回答令佛陀大吃一驚。

貓說：「假如讓我再活一次，我要做一隻老鼠。我偷吃主人一條魚，會被主人打個半死。而老鼠呢，可以在廚房翻箱倒櫃，大吃大喝，人們對牠也無可奈何。」

老鼠說：「假如讓我再活一次，我要做一隻貓。吃皇糧，拿官餉，從生到死由主人供養，時不時還有我們的同類給牠加菜，很自在。」

豬說：「假如讓我再活一次，我要當一頭牛。生活雖然苦點，但名聲好。我們似乎是傻瓜懶惰的象徵，連罵人也都要說『蠢豬』。」

牛說：「假如讓我再活一次，我願做一頭豬。我吃的是草，擠的是奶，幹的是苦力，有誰給我道聲謝，發過獎？做豬多快活，吃飽睡，睡飽吃，肥頭大耳，生活賽過神仙。」

老鷹說：「假如讓我再活一次，我願做一隻雞，渴有水，餓有米，住有房，還受主人保護。我們呢，一年四季漂泊在外，風吹雨淋，還要時刻提防冷槍暗箭，活得多累呀！」

雞說：「假如讓我再活一次，我願做一隻鷹，可以翱翔天空，任意捕兔捉雞。而我們除了生蛋、報曉外，每天還膽戰心驚，怕被捉被宰，惶惶不可終日。」

最有意思的是人的答卷。

不少男人寫道：「假如讓我再活一次，我要做一個女人，可以撒嬌、可以邀寵、可以當妃子、可以當公主、可以當太太、可以當妻妾……最重要的是可以支配男人，讓男人拜倒在石榴裙下。」

不少女人寫道：「假如讓我再活一次，一定要做個男人，可以蠻橫、可以冒險、可以當皇帝、可以當王子、可以當老爺、可以當父親……最重要的是可以驅使女人。」

佛陀看完，重重地嘆了一口氣：「為何人人只懂抱怨？若是如此，又怎會有更加豐富充實的來世？」

每個人都有自己要抱怨的事情，似乎每個人都理直氣壯，卻忽略了幸福源自珍惜，生活不是比較。當這些牢騷與抱怨化作心靈天窗上厚厚的塵埃時，燦爛的陽光又怎能照進心田？那漫天的花雨你又能看見幾許？

有個寺院的方丈，曾立下一個奇怪的規矩：每到年底，寺裡的和尚都要面對方丈說兩個字。第一年年底，方丈問新和尚心裡最想說什麼，新和尚說：「床硬。」第二年年底，方丈又問新和尚心裡最想說什麼，新和尚說：「食劣。」第三年年底，新和尚沒等方丈提問，就說：「告辭。」方丈望著新和尚的背影，自言自語地說：「心中有魔，難成正果。」

「魔」就是新和尚心裡沒完沒了的抱怨。像新和尚這樣的人在現實生活中有很多，他們總是怨氣沖天，牢騷滿腹，總覺得都是別人欠他們的，社會欠他們的，從來感覺不到別人和社會為他們所做的一切。這種人只會心裡抱怨，不會有所成就。

一位哲人說，世界上最大的悲劇和不幸就是一個人大言不慚地說：「沒人給過我任何東西。」許多人都抱怨過處境艱難，毫無疑問，抱怨是無濟於事的，反而是樂觀豁達的心態能解開心靈的枷鎖。抱怨相當於赤腳在石子路上行走，而樂觀是一雙結結實實的靴子。

你還在抱怨你生活的世界沒有給你美嗎？莊子說得好：「天地有大美而不言。」美到處都有，藝術大師羅丹說：「生活中不是缺少美，只是缺少發現美的眼睛。」通過萬花筒看世界，美得變幻無窮；通過汙穢的窗子看人生，到處都是泥濘。你的生命畫布到底該如何著色，要看你擁有一顆怎樣看待世界的心。不抱怨，把天地裝在心中，就能看見自然的美。

第六章

掬水月在手，
弄花香滿衣

聖嚴法師說：「心淨則國土淨。」禪是抵達心淨的必經之路，也是與人為善的最佳方式。做一個心懷慈悲的人，與人結恩不結怨，關心他人也便是關懷自己。

布施，不是施捨

聖嚴法語

布施是行善的方式，而行善是一種美德。聖嚴法師常常教導信徒要積極行善，因為善行既可以幫助身處困境中的人，又可以使自己的心靈得到安慰，修行得到提升。

然而，布施也並非總能順利進行，之所以受到阻礙，有時候是因為自己不肯施，有時候則是因為他人不肯受。所以，布施不是施捨，也需要智慧。

人間佛語

作家林清玄曾經在《吝嗇的人》中講過這樣一個故事：

從前有一個人非常吝嗇，吝嗇到珍惜自己的每一根頭髮，可謂「一毛不拔」。他從來都不肯把自己的東西送給需要的人，從沒有動過布施的念頭，甚至連「布施」這兩個字都說不出口，彷彿話一出口，自己的財物就會有所損失。

佛陀為了教化此人，便開示他道：一個人這輩子之所以富有，比別人長得高、長得帥，所有一切美好的事物，都跟上輩子的布施有關。

在佛祖的開示下，這個人深受觸動，但是他仍然無法像別人那樣順利布施。他找到佛祖，對佛祖說：「世尊，我也很想幫助別人，用自己的財富去救濟窮人，幫助需要的人。但是每一次當我要把東西送出去時，就會感到割肉一般的疼痛。對我而言，布施實在太困難了。」

佛祖靜靜地聽他說完之後，從地上抓起一把草，對他說：「請你把這把草從你的左手交到你的右手中。」

這個人一聽，毫不遲疑地照做了。

佛祖又說：「現在，把你的右手想像成自己，左手想像成他人，然後請把這把草再從右手交到左手裡。」

吝嗇的人一聽要把草給別人，就猶豫了，他想得滿頭大汗也捨不得這把草。

佛祖輕輕地在他耳邊說：「難道左手不是你自己的手嗎？」

如此一想，他趕緊把草放到了左手裡。

佛祖要求他反覆做幾次，終於，他能夠克服自己心中的障礙，將草交到身邊人的手中了。

經過不斷練習，這個「吝嗇鬼」成了眾人眼中的「慈善家」，他不僅將自己的財富布施給別人，臨終前甚至把自己的身體也捐獻了出去，自然證得了無上菩提。

這個故事令林清玄十分感動，他說：「再吝嗇、再壞的人，只要發心想追求菩提，只要讓自己朝著美好、光明、善良的地方走，就可以通過訓練開啟菩提心，成為慈悲的人。」

布施是困難的。因為布施便意味著失去，將自己辛苦積攢的財富，艱難獲得的真理，幾十年積累的經驗，不存私心地送給他人，甚至可能是陌生人，心中難免會有不捨，但是，這種仁慈之心，善良之心，這種分享與互助的感召力，可以令這個世界變得更加溫馨。

有時候，布施不僅僅需要克服內心的不捨，還需要另外一種智慧，以使受施者坦然接受，而不傷及自尊。

某一年，颱風對沿海的一些城鎮造成了巨大破壞，尤其是偏遠的農村，居民的生活陷入了困境，急需援助。

在一座小村莊裡，前來參加賑災的僧人們將寺院籌集的賑災物資挨家挨戶送到了村民們手裡。但是，當其中一位法師將東西送到一位老人家面前時，卻遭到了拒絕。

老人猶豫著說：「我是基督教的信徒，我信仰的是主，不能接受你們佛教的賑濟。」

法師環視了一下老人家中破敗的景象，微微一笑，誠懇地說道：「老人家，請您收下吧，這是造物主派我給您送來的。」

老人一愣，隨即感激地接過了法師手中的財物，而之前倍感尷尬的隨行人員也都露出了由衷佩服的微笑。

法師不過是說了一句看似平常甚至略帶調侃的話，但是在這種場合之下，卻使受者的疑慮、施者的尷尬頓時煙消雲散。

布施者在布施時，應該懷著一顆慈悲心，以最單純的愛心來面對受施者，要時時刻刻顧及他們的感受，而不能帶有絲毫高高在上的傲慢心理。

布施不僅是金錢和物質上的關懷，愛的傳遞才更加珍貴。

良言入心三冬暖

聖嚴法語

柔軟與堅強，看起來是對立的，卻可以同時存在。大部分人會認為剛硬的東西一定很堅固，但聖嚴法師說，有時候剛硬的東西往往很脆弱，比如像金剛鑽這般堅硬的東西，也可以用切割鑽石的工具將之毀損。

在法師眼中，恰恰是那些看似柔弱的東西，是最堅強的。就好像惡毒的語言，雖然銳利，卻只會導致結怨；而適當讚美的語言，柔和卻直指人心。

縱然他人用尖酸刻薄的語言來打擊自己，也不要想著以牙還牙、以眼還眼，而是用柔和、寬厚的態度回應，善盡自己的一切努力，來轉變因緣，既保護別人，也保護自己，這也正是聖嚴法師對《法句經》中偈語的闡釋：「是以言語者，必使己無患，亦不尅眾人，是為能善言。」

人間佛語

牙齒堅硬剛強，從不示弱，無堅不摧；而舌頭恰恰相反，軟弱無力，避實就虛，知難而退，不敢爭鋒。然而，當人白髮蒼蒼之時，牙齒早已掉得精光，而舌頭卻依然還在。

這也正說明，堅硬的東西往往容易破碎、斷裂，甚至粉身碎骨；但柔軟的東西可以更加綿長。做人的道理也是如此，做人不可鋒芒畢露；說話也是如此，惡語傷人，六月天也有如三九寒冬。

子貢是孔子最得意的弟子之一，他是一個性格比較清高、機敏的人，悟性也好，最突出的特點是口才好，有才氣。但是有才華的人通常會有一個毛病，那就是對人求全責備，總是以很高的標準去要求他人。而且因為自己才華橫溢，往往就對很多人看不上眼，口出狂言也是常有的事。子貢大概也有點說話太刻薄的習慣，不懂得委婉、含蓄，這樣脫口而出的話傷人也是在所難免的。因此，孔子說：「賜也，賢乎哉？夫我則不暇。」意思是：「子貢對人說話這樣，他還能成為賢人嗎？換作我，我就沒時間去對人吹毛求疵。」

其實，生活中很多人都會犯子貢所犯的錯誤，常常只顧著自己痛快，話出口之後才發現會不小心傷害別人。正所謂「惡語傷人六月寒」，與人為難，必然會與人結怨，如此尖利的鋒芒必將遭受更多的障礙與打擊。所以，不要求全責備，不要吹毛求疵，與其苛求別人，不如反省自己。

反省自己，讚美他人，這才是與人相處之道。不說傷人的「惡語」，而是去發現別人的優點，並給予讚美，便會「良言入心三冬暖」。

一天夜裡，刮起了十分兇猛的颱風。由於風勢的猛烈，整個市區都停了電，陷入一片漆黑之中。就在這天晚上臨睡之前，女兒赤著腳丫舉著一枝蠟燭來到母親的面前，對她說：「媽媽，我最喜歡的就是颱風。」

「妳為什麼喜歡颱風？難道妳不知道嗎，每刮一次大風，就會有很多屋頂被掀跑，很多地方被淹水，鐵路被沖斷，家庭主婦望著六十元一斤的白菜生氣，而妳卻說喜歡颱風？」母親生氣地說道。

「因為有一次，颱風來的時候停電……」

「妳是說妳喜歡停電？」

「停電的時候就可以點蠟燭。」

「蠟燭有什麼特別的？」母親繼續好奇地問。

「我拿著蠟燭在屋裡走來走去，你說我看起來很像天使……」

聽了女兒的解釋，母親終於在驚訝中靜穆下來。

「也許以她的年齡，她對天使是什麼也不甚瞭解，她喜歡的只是我那夜誇她時那讚美的語氣。」

這便是語言的力量。在日常生活中，我們都可能遇到類似的事情，一句不經意的讚美，卻有可能改變很多事情，對方的心情，彼此的印象，事件的格局，乃至創造一個奇蹟。所以，不要吝嗇自己的讚美，也許你的一句話會令對方受益終生。每一個角落都在等待陽光的照耀，每一個人都在等待美好時光的到來，每一顆心都在等待心靈的碰撞。

為別人鼓掌喝彩，就是尊重別人的價值，讓別人在無情的競爭中獲得一份溫情。也許他像是一經出世就遭冷落的瓷器，沒有凝脂般的釉色，沒有精緻的花紋，無法被人藏於香閣。但是，你對他的安慰和鼓勵，可能帶給他一片燦爛的豔陽天。

心有菩提，結恩不結怨

聖嚴法語

人間不公平的事有很多，都是公說公有理，婆說婆有理，很難尋求到真實客觀的公平。所以人和人在相處之時，為了各自所堅持的「真理」，難免會起衝突。

但是，聖嚴法師本著一顆慈悲之心告誡眾人，與人相處時結恩不結怨。冤家宜解不宜結，與人結怨，不如施恩於人。

人間佛語

結恩不結怨，本就是一顆菩薩心。《華嚴經》中有語：「菩薩未曾染著色，受想行識亦如是；不住一切諸三昧，所有功德悉迴向。」慈悲的佛陀，智慧的禪者，總是能夠將自己從紅塵諸慾的束縛中解脫出來，並指引其他向佛人。

一大早，寺院門口就吵鬧不休，玄素禪師前去詢問，瞭解到原來是一個屠夫想要進寺燒香拜佛，但是寺裡的僧人嫌他滿手血腥，不肯讓他進殿，於是雙方發生了爭執。玄素禪師看到這個情景，立刻阻止了眾僧人。

他問道：「為何事在這裡吵鬧？」

旁邊的僧人說道：「這個屠夫每天殺豬宰牛，雙手沾滿了血腥與罪孽，怎麼能讓他破壞佛門的清淨呢？」

旁邊的人也附和道：「每天晚上，他家裡就會傳來豬牛羊的哀叫聲，聽得人心煩，讓人無法入睡，像他這樣的人怎麼可以到這裡來呢？」

玄素禪師說道：「你們這樣說就不對了，他身為屠夫，為了生計被迫屠宰生靈，一定於心不安，有很多罪需要懺悔。佛門為十方善人而開，也為度化十方惡人而開。」

屠夫滿臉感激，來到禪師面前說：「方丈慈悲，我殺孽太重，於心不安，所以想要請方丈和各位法師到我家裡去，我準備在家裡辦齋供養各位，以安慰我不安的心。我們全家齋戒沐浴三日，懇請各位光臨寒舍，助我完成這個心願。」

眾人聽了他的話，搖頭不止。玄素禪師卻用微笑化解了，他說道：「在佛面前，人人平等，每個人都有同樣的機會，只要與佛有緣，就可度他，佛門慈悲，不會捨棄任何人。」

屠夫也好，顯貴也罷，在佛陀眼裡，眾生皆平等，哪裡分誰聰明，誰愚鈍，誰善良，誰兇惡呢？所以玄素禪師毫不猶豫，欣然愉快地接受屠夫的邀請去屠夫家做客。

佛陀眼中，眾生平等，所以每個人都可以本著一顆向佛之心步入佛堂，真正的禪者不應阻攔，而是應該作出接引，當其他僧人的阻攔激起屠夫的憤怒時，玄素禪師卻用微笑化解了仇恨，並承引了善意的因緣，既是自己與屠夫的善緣，更成全了屠夫與佛門的善緣。

善待我們生命中的每一個人，與人為善不結怨，其實也是在善待我們自己。

送一輪照亮心房的明月

聖嚴法語

佛經上說：「一念覺，眾生是佛。」眾生皆有佛緣，開啟慈悲心，發掘智慧心，立地成佛，不畏遮眼浮雲，生命的微笑將綻放在世界的每一個角落。

聖嚴法師開示，佛陀涅槃之後，他的弟子都在人世間，一代一代的，「上求佛法以自利，下度眾生以利他」，以佛法來幫助自己是智慧，以佛法來幫助他人是慈悲。慈悲心愈重，智慧愈高，煩惱也就愈少。

所以，真正的慈悲是關懷眾生，不論是親朋好友，還是路人，都要隨時準備給對方以幫助。

人間佛語

聖嚴法師說：「心淨則國土淨。」禪是抵達心淨的必經之路，征途漫漫，雖有風雨，卻仍有彩虹在雲端綻放美麗；雖有激流，卻仍有水花在陽光下飛濺絢爛；雖有歧路，亦有坦途；雖有悲傷，亦有歡樂。而布施是重要的禪修方式之一。慷慨對人，是仁人的虔誠，是智者的寧靜。

智德禪師在院子裡種了一株菊花。三年之後的秋天，院子裡已經開滿了菊花，花香隨風飄散，甚至飄到了山下的鄉村裡。

到禪院裡禮佛的信徒們常常流連於這美麗的花園之中，爭相稱讚：「多麼美麗的菊花啊！」

有一天，一個信徒對智德禪師說他想要跟禪師討幾株菊花種到自己家裡，想讓自己的家人也能每天看到如此美麗的花朵，嗅到這股芳香。智德禪師立刻答應了，並親手幫他挑了幾株開放得最旺盛，枝葉最繁茂的，然後連根鬚一起挖出來送給他。

消息傳開之後，前來要花的人接踵而來，絡繹不絕。智德禪師一一滿足了他們的要求。不久，禪院中的菊花都被送出去了。

弟子們看到荒蕪的禪院，不禁有些傷感，他們略帶惋惜地對智德禪師說：「真可惜，這裡本應該是滿園飄香啊！」

智德禪師微笑著說：「可是，你們想想看，這樣不是更好嗎？因為三年之後，將會是滿村菊香四溢啦！」

「滿村菊香」，弟子們聽師父這麼一說，心中的不滿和惋惜立刻得到了釋放。

智德禪師將滿園菊花送人，是想把美好的事物與別人一起分享。他掙脫了自我私利的束縛，以慷慨仁愛之心對人，即使自己一無所有，也要讓其他人分享自己的幸福。這是一件快樂的事情，是真正的修佛者才擁有的行者胸懷。

人常說，送人玫瑰，手有餘香，送人一株菊花，亦會香飄萬里，就好像送人一輪明月，清明的月光會照耀自己的心房。

一位住在山中茅屋裡修行的禪師，有一天趁夜色到林中散步，在皎潔的月光下，突然開悟。他喜悅地走回住處，眼見到自己的茅屋遭小偷光顧。找不到任何財物的小偷要離開的時候在門口遇見了禪師。原來，禪師怕驚動小偷，一直站在門口等待。他知道小偷一定找不到任何值錢的東西，早就把自己的外衣脫掉拿在手上。

小偷遇見禪師，正感到驚愕的時候，禪師說：「你走老遠的山路來探望我，總不能讓你空手而回呀！夜涼了，你帶著這件衣服走吧！」

說著，就把衣服披在小偷身上，小偷不知所措，低著頭溜走了。

禪師看著小偷的背影穿過明亮的月光消失在山林之中，不禁感慨地說：「可憐的人呀！但願我能送一輪明月給他。」

禪師目送小偷走了以後，回到茅屋赤身打坐，他看著窗外的明月，進入空境。

第二天，他睜開眼睛，看到他昨晚披在小偷身上的外衣被整齊地疊好，放在門口。禪師非常高興，喃喃地說：「我終於送了他一輪明月！」

面對偷竊的盜賊，禪師既沒有責罵，也沒有告官，而是以慈悲的心懷給予小偷諒解，並以這份苦心換得了小偷的醒悟。禪師送了小偷一輪明月，而這輪明月照亮了小偷的心房。

第七章

足履實地，才可步步踏著

人生沒有捷徑可循，唯有一步一步走，才能抵達終點。著眼於當下，腳踩著實地，在浮躁的世界裡才能走得穩妥。聖嚴法師說，昨天已然過去，明天不可掌控，唯有向當下臣服，才能獲得真正的力量，開啟智慧的法門。

活在當下

聖嚴法語

聖嚴法師提倡「現在主義」。時間的過去、現在和未來是互相交織不可分割的，所以說過去就是未來，未來也就是過去，現在就是過去以及未來。

但是我們很容易發現，在現實世界中，時間自然而然的流逝總讓我們忽視了對生命的思索。不要被時間矇騙，以為過去的已經過去，未來的一定會來，現在的永遠不變。在時間的脈絡中，我們唯一能夠把握的就是現在，所以，不要牽掛過去，不要擔心未來，踏實於現在，便能與過去和未來同在。

人間佛語

有人請教大龍禪師：「有形的東西一定會消失，世上有永恆不變的真理嗎？」

大龍禪師回答：「山花開似錦，澗水湛如藍。」

如錦緞般盛開的鮮花，雖然轉眼便會凋謝，但依然不停地奔放綻開；碧玉般的溪水，雖然映照著同樣蔚藍如洗的天空，卻每時每秒都在發生變化。

世界是美麗的，但似乎所有的美麗都會轉瞬而逝。生命的意義在於過程，抓住瞬間消失的美麗，就是一種收穫。時間像是一支弦上的箭，它是單向的，不能回頭，所以我們要把握住現在、今朝，認真活在當下的每一分鐘。

從前，有個小和尚每天早上負責清掃寺廟院子裡的落葉。

清晨起床掃落葉實在是一件苦差事，尤其在秋冬之際，每一次起風時，樹葉總隨風飛舞落下。每天早上都需要花費許多時間才能清掃完樹葉，這讓小和尚頭痛不已。

他一直想要找個好辦法讓自己輕鬆些。

後來有個和尚跟他說：「你在明天打掃之前先用力搖樹，把落葉統統搖下來，後天就可以不用掃落葉了。」

小和尚覺得這是個好辦法，於是隔天他起了個大早，使勁地搖樹，這樣他覺得就可以把今天跟明天的落葉一次掃乾淨了。一整天小和尚都非常開心。

第二天，小和尚到院子裡一看，不禁傻眼了：院子裡如往日一樣落葉滿地。

這時老和尚走了過來，對小和尚說：「傻孩子，無論你今天怎麼用力，明天的落葉還是會飄下來。」

小和尚終於明白了，世上有很多事是無法提前的，唯有認真地活在當下，才是最明智的人生態度。

明天的落葉，怎麼能在今天全部清掃乾淨呢？再勤奮的人也不能在今天處理完明天的事情，所以，不要預支明天的煩惱，認真地活在今天比什麼都重要！

活在當下的人，應該放下過去的煩惱，捨棄未來的憂思，順其自然，把全部的精力用來承擔眼前的這一刻，因為失去此刻便沒有下一刻，不能珍惜今生也就無法嚮往未來。

有人問一位禪師：什麼是活在當下？

禪師回答他，吃飯就是吃飯，睡覺就是睡覺，這就叫活在當下。的確，最重要的事情就是我們現在做的事情，最重要的人就是現在和我們一起做事情的人，最重要的時間就是現在。

老禪師帶著兩個徒弟，提著一盞燈籠行走在夜色中，一陣風吹來，燈籠被吹滅了。

徒弟問：「師父，怎麼辦？」

師父回答說：「看腳下！」

當一切變成黑暗，後面的來路，與前面的去路，都看不見，如同前世與來生，都摸不著。

我們要做的是什麼？唯有看腳下，看今生！

忘記無始無終的時空觀念，對現有的生命悠然而受之，天冷了就添衣，天熱了就脫衣，受而喜之，才能順其自然。我們能夠並且必須去把握的，唯有當下而已。

人生沒有時間老

聖嚴法語

人生如白駒過隙，轉瞬即逝。如何在這有限的時間裡獲得最大的幸福？

聖嚴法師教誨：「人的時間有限，然而才能無限。不要把時間浪費在無謂的嗟歎上，認識自己，安於自己所走的路，珍惜時間，把每一秒都做最有效的運用。」

若能如此，即使年老體邁，也依然能夠保持年輕的激情與活力。

人間佛語

世間最可怕的衰老是心態的衰老，如果你有一個年輕的體魄，卻有一顆衰老的心，那會比你有一個衰老的身體還要可悲。沒有什麼可以阻擋你前進的腳步，擦亮眼睛，輕裝前行，每一天我們都能夠看到路邊不同的風景，呼吸到清新的空氣。

生活中有很多的事情需要我們去一一打理，與其把時間浪費在長籲短歎上，不如細心地經營生命中的每一塊園地，在生命的終點翹首回望，你會看到一路芬芳。時刻保持年輕的心態，即使冬天萬木凋零，也依然能夠看到滿眼的青翠，生命之樹常青。

佛光禪師門下弟子大智，出外參學二十年後歸來，正在法堂裡向佛光禪師述說此次在外參學的種種見聞。佛光禪師以慰勉的笑容傾聽著，最後大智問道：「老師！這二十年來，您老一個人還好嗎？」

「好！很好！講學、說法、著作、寫經，每天在法海裡泛遊，世上沒有比這更欣悅的生活，每天，我忙得好快樂。」

大智關心地說：「老師，你應該多一些時間休息！」

夜深了，佛光禪師對大智說道：「你休息吧！有話我們以後慢慢談。」

清晨，還在睡夢中，大智隱隱聽到佛光禪師的禪房傳出陣陣誦經的木魚聲。

白天，佛光禪師總不厭其煩地對一批批前來禮佛的信眾開示，講說佛法；夜晚禪師不是批閱學僧心得報告，便是擬定信徒的教材，每天總有忙不完的事。

好不容易看到佛光禪師剛與信徒談話告一段落，大智爭取這一空檔，搶著問佛光禪師道：「老師！分別這二十年來，您每天的生活仍然這麼忙著，怎麼都不覺得您老了呢？」

佛光禪師道：「我沒有時間老呀！」

「沒有時間老」，正如一句哲語所說：越是忙碌的人，時間就越多；也像孔子所言：「其為人也，發憤忘食，樂以忘憂，不知老之將至。」禪者的人生觀，也是如此。佛光禪師就是這樣一位領悟了禪宗真諦的聖人，他將誦經禮佛、弘法傳道當做是自己生命中必須承擔的責任，並默默地將這份重擔挑在肩頭，不以為苦，反以為樂。

當你將全部的生命與精力投入到有意義的生活中時，哪裡還有時間去關注自己鬢角催生的白髮、額上乍現的皺紋呢？

人活在世上，往往有兩種狀態，一種是常常覺得時間緊迫，光陰像細沙一樣從指縫間滑落，越是急切地想要將它抓住，它流逝得越快；另一種是看破了生命的無常後，歸於淡定與從容，美與醜、樂與憂於他們而言都是彈碰即破的氣泡，並不能對生活造成什麼實質的影響，雲煙過眼，他們卻往往能夠明白生命的真諦。

生活如此美好，睿智的人從來不會慨歎。我們隨著快速流逝的生命朝前奔跑，不必擔心衰老。沒有時間老，每一秒鐘都可能創造一個奇蹟，每一天都會是一個嶄新的開始。所以，不必傷春悲秋，把握住時間，就能把握住生命。

以必死之心好好活著

聖嚴法語

古人說，「一寸光陰一寸金，寸金難買寸光陰」。生命也誠如這難買的光陰，一旦逝去，便無法挽回。

「是日已過，命則隨減；如少水魚，斯有何樂？」世事無常，生命的消逝似乎總讓人充滿了消極悲觀的情緒，但聖嚴法師告訴我們，那些生活在淺水中的魚，即使水越來越少，牠們也快樂，因為，魚和水每一次相逢，都是得其所哉，死在眼前，也可以活得快樂。

人間佛語

不如意事常八九，可與人言無二三，人生總是如此。世事沒有一帆風順的，但人仍然要在這不如意中度過人生的幾十個寒暑。人與人生命的長度大致相同，但寬度卻大相逕庭：撐著不死，還是好好活著，表面看起來沒什麼區別，其實實質上大不一樣。

大熱天，禪院裡的花被曬枯萎了。

「天哪，快澆點水吧！」小和尚喊著，接著去提了桶水來。

「別急！」老和尚說，「現在太陽曬得很，一冷一熱，非死不可，等晚一點再澆。」

傍晚，那盆花已經成了「梅干菜」的樣子。

「不早澆……」小和尚見狀，抱怨道，「一定已經乾死了，怎麼澆也活不了了。」

「澆吧！」老和尚指示。

水澆下去，沒多久，已經垂下去的花，居然全站了起來，而且生機盎然。

「天哪！」小和尚喊，「它們可真厲害，憋在那兒，撐著不死。」

老和尚糾正：「不是撐著不死，是好好活著。」

「這有什麼不同呢？」小和尚低著頭，十分不解。

「當然不同。」老和尚拍拍小和尚，「我問你，我今年八十多了，我是撐著不死，還是好好活著？」

小和尚低下頭沉思起來。

晚課完了，老和尚把小和尚叫到面前問：「怎麼樣？想通了嗎？」

「沒有。」小和尚還低著頭。

老和尚嚴肅地說：「一天到晚怕死的人，是撐著不死；每天都向前看的人，是好好活著。得一天壽命，就要好好過一天。那些活著的時候天天為了怕死而拜佛燒香，希望死後能成佛的人，絕對成不了佛。」

說到此，老和尚笑笑：「他今生能好好過，卻沒好好過，老天何必給他死後更好的生活？」

對於禪院裡的花來說，「和尚沒澆水」雖然很不如意，但那是和尚的事，「好好生長」才是它自己的事，這盆向前看的花，得一天壽命，便好好過一天，真正理解了生命的意義。

哀莫大於心死，撐著活其實就是已經心死。既然生活在這個世界上時都沒有領悟何為真生命，那還能指望他在死後獲得全新的生命嗎？

好好活與撐著活是對同一種處境的不同選擇，因為我們的生命必然終結，所以我們應該揣著一顆必死之心，能夠正面看待生死才不會在逆境面前瞬間崩潰。好好活是一種積極的心態，追求一天比一天精彩的生活，只要眼睛還有光澤，心靈就永遠不會荒蕪。

當我們感覺到生活的枯燥或者痛苦時，並不是因為山河不夠壯麗，也不是因為世界不夠美麗，更不是人生不夠絢麗，只是我們的心靈被束縛得不自由了。好好活著，因為在死亡面前，我們別無選擇。

一日不作，一日不食

聖嚴法語

「昨天付出是昨天的事，如果今天尚未付出，就不要期待收穫。」對百丈懷海禪師「一日不作，一日不食」的禪門家風，聖嚴法師極為贊同。

很多禪修者，秉承著這一古訓，過著清苦的生活，承受緊張的勞動，平淡、辛勤而又虔誠地生活著。

人間佛語

「深泥田裡好相聚，拽耙鞭牛真快活。」這是源自《田歌》中的一句，描寫了江西真如禪寺中僧侶的農禪生活。從唐代以來，眾多僧人繼承了「師凡作務，執勞必先與眾」的禪風，在每日的勞作中尋求著充實與安寧。

百丈懷海禪師宣導「一日不作，一日不食」的農禪生活，曾經也遇到過許多困難。因為佛教一向以戒為規範生活，而百丈懷海禪師改進制度，以農禪為生活，甚至有人批評他為外道。

百丈懷海禪師每日除了領眾修行外，必親執勞役，勤苦工作，對生活中的自食其力，極其認真，對於平常的瑣碎事務，尤不肯假手他人。

漸漸地，百丈懷海禪師年紀大了，但他每日仍隨眾上山擔柴、下田種地。因為農禪生活，就是自耕自食的生活。弟子們畢竟不忍心讓年邁的師父做這種粗重的工作，因此，大家懇請他不要隨眾勞動，但百丈懷海禪師仍以堅決的口吻說道：「我無德勞人，人生在世，若不親自勞動，豈不成廢人？」

弟子們阻止不了禪師工作，只好將禪師所用的扁擔、鋤頭等工具藏起來，不讓他做工。

百丈懷海禪師無奈，只好用不吃飯的絕食行為抗議，弟子們焦急地問他為何不飲不食。

百丈懷海禪師道：「既然沒有工作，哪能吃飯？」

弟子們沒辦法，只好將工具又還給他，讓他隨眾生活。

戒律是禪，勞動是禪，生活亦是禪。百丈懷海禪師正是明白了這一點，才會堅持「一日不作，一日不食」，以求在勞動之中磨煉自己的心性，度化自身。在時光的洪流中，唯有充實地度過每一天，才能得到真正的解脫。

有位和尚問文益禪師：「您在一整天的生活中是如何修行的呢？」

文益禪師回答說：「步步踏著。」

「步步踏著」，這四個平實而淡然的字，在聖嚴法師眼中卻有著重大的意義：人走路時都是一步一步向前走的，只有腳下踩得很實在，心無二念，才是最好的修行。人生中的每一件事，又何嘗不是如此？

生命只在一呼一吸間，每一個「現在」都是生命中最重要的時光，都需要用心體會。春風秋雨，花開花落，人們總是對不經意間消逝的美麗扼腕歎息，卻不願意為身邊的美駐足讚美，待其逝去，方才恍然悔悟。這種人生是多麼悲哀啊！

印度詩人泰戈爾說：「如果你因錯過了太陽而流淚，那麼你也將錯過群星。」

所以，我們要使生命中的每分每秒都有所作為，每一步都留下堅實的腳印。

第八章

亂花入眼，心淨則無物

行走於世間，猶如在飛花落葉中行走，世間的紛擾猶如花葉的旋舞。心淨之人，不觀花葉，反而能見到樹木深埋於泥土中的根本，在飛花落葉之中不沉不沒，在肉身壞滅的進程中不動不搖。

萬花叢中過，片葉不沾身

聖嚴法語

聖嚴法師認為，禪的智慧，是要運用到現實生活中的，而不光是在打坐的時候才用到禪。所以，滾滾紅塵中，也可以修成正果，得到至上的正道。

如法師所言，真正得悟之人，在紛亂塵世中，也能如風一般自由來去，如「孤雲出岫，去留一無所繫；朗鏡懸空，靜躁兩不相干」。

人間佛語

聖嚴法師曾說：「雲從水出，水化為雲，水性向下流是人人皆曉的常識，水無往上升，也是童叟皆知的常識。升降之間，誰在做主呢？」

雲水的升降，自然做主，而人的人生，可以自由決定。那麼出世和入世，到底怎樣才能夠更好地修行呢？有人認為只有完全脫離了現代生活的凡塵俗世，才能真正參禪修行，其實不然。參禪打坐首在修「心」，不離入世，不廢出世，出世與入世非但沒有絕對的界限，而且是相輔相成的，須臾不可分離。

倘若一個人入世太深，久而久之，必將陷於生活的煩瑣和苦惱之中，在現實生活中的恩怨、情慾、得失、利害、關係、成敗、對錯裡糾纏輾轉，難以超脫出來；反之，若是只一味地出世，一味地冷眼旁觀，一味地自恃清高，一味地不食人間煙火，而不去做一點入世的、利於社會的事情，到頭來也只能是「等閒白了少年頭」，這樣的出世又有何意義呢？因此，用出世的態度或精神，來做入世的事業，立足於塵世，卻心懷著出世的人生追求，同樣也能很好地修行。

無相禪師行腳時，因口渴而四處尋找水源。這時，他看到有一個年輕人在池塘裡打水車，無相禪師就向年輕人要了一杯水喝。

年輕人以一種羨慕的口吻說道：「禪師！如果有一天我看破紅塵，我肯定會跟您一樣出家。不過，我出家後不會像您那樣到處行腳、居無定所，我會找一個隱居的地方，好好參禪打坐，不再拋頭露面。」

無相禪師含笑問道：「那你什麼時候會看破紅塵呢？」

年輕人答道：「我們這一帶就數我最瞭解水車的性質了，全村的人都以此為主要水源，如果有人能接替我照顧水車，讓我無牽無掛，我就可以出家，走自己的路了。」

無相禪師問道：「最瞭解水車的人，我問你，水車全部浸在水裡，或完全離開水面會怎樣呢？」

年輕人答道：「水車是靠下半部置於水中，上半部逆流而轉的原理來工作的，如果把水車全部浸在水裡，水車不但無法轉動，甚至會被急流沖走；同樣地，水車若完全離開水面也不能車上水來。」

無相禪師說道：「車與水流的關係不正說明了個人與世間的關係？如果一個人完全入世，縱身江湖，難保不會被五慾紅塵的潮流沖走；倘若全然出世，自命清高，不與世間來往，則人生必是漂浮無根。同樣，一個修道的人，要出入得宜，既不袖手旁觀，也不投身粉碎。」

入世與出世不是截然分開的，出世是為了更好地入世。大乘佛法講求入世，通過入世修行，教化大眾以求正果。修學佛法也並不一定要離塵出家，在家之人同樣可以用佛法來指導人生，利益世間。正所謂「眾生無邊誓願度，煩惱無盡誓願斷，法門無量誓願學，佛道無上誓願成」，凡有志於修學佛法者，皆需發大菩提心，立此四宏願，自勵精進，無量世中，懷此宏大心願，永不退失，紅塵也好，隱世也罷，只要是濟世利人之事，都可攝入佛道之中。正如聖嚴法師所言：「行雲流水，澤被群生，無住無著，無我無人，但確又是適如其時、適如其處、適如其分地或降為水，或升為雲；只要眾生得益，管他是水是雲。」

事在人為，禪在人心。只要有一顆不斷追求禪理的心，在哪裡修行並不是一個十分重要的問題。重要的是，如果人人都能夠有仁心、做仁事。那麼，入世則能仁慈仁孝，出世則能夠仁愛仁德，就像聖嚴法師說的那樣：「山高水自流，不為什麼；無心雲出岫，如來如去。」因緣如此，自然如此。這不正是諸佛菩薩的化世功德嗎？

坐觀日落的美麗

聖嚴法語

世人皆喜日出，因為日出昭示著希望，世人喜生生不易，而不知生滅不已；聖嚴法師則喜日落，因為觀日落可以得定，可以發慧。落日柔和清涼有慈悲相，並可提醒是日已過的無常無我。

其實日出也是無常，落日卻是永恆，即生必然走向滅的歸宿，能洞察生滅現象者，才是智慧人。日出固然美麗，但其中也飽含著未脫無常的淒美。

人間佛語

藥山禪師在庭院中打坐，身邊有雲岩和道吾兩名弟子相伴。禪師坐禪之後，看兩名弟子仍然若有所思，便指著院中的兩棵老樹問道：「你們看這兩棵老樹，已經在寺中經歷了上百個年頭，如今，這兩棵樹一枯一榮，你們說，是枯的好，還是榮的好呢？」

道吾回答道：「榮的好。」

雲岩答道：「枯的好！」

藥山禪師看著他們，並未講話，恰逢一位侍者從旁邊路過，於是藥山禪師便將他喊了過來，問他道：「你看院中的這兩棵樹，是枯的好呢？還是榮的好？」

侍者回答道：「枯者由他枯，榮者任他榮。」

藥山禪師面露微笑，贊許地朝侍者點了點頭。

同一個問題有三種不同的答案，「榮的好」，這表示一個人的性格熱忱進取；「枯的好」這表示清淨淡泊；「枯者由他枯，榮者任他榮」，這是順應自然，各有因緣。所以有詩曰：「雲岩寂寂無窠臼，燦爛宗風是道吾；深信高禪知此意，閑行閑坐任榮枯。」

花草樹木的枯榮與太陽的東升西落，都像晝夜的交替、四季的轉換一樣，是自然界裡極其平常的事情，而一旦與人的個人際遇聯繫，便會生出無限感慨，大多數人都會因為美好事物的逝去而感傷慨歎，但實際上大可不必如此。

枯有枯的道理，榮有榮的理由，本無好壞之分，榮枯都好，不好只是個人根據主觀感受作出的評判而已。事無好壞，唯人揀擇，就像是紅塵中的我們，每一天的起臥作息皆順其自然，餓來張口睏來眠，看似平常，卻正是無限風光！

有一位老師帶學生們登山賞雪，雪在山崖樹影中交織成一幅美麗無比的畫卷，所有的人都被造物的神奇所震懾。

老師站在一棵樹下，恰好一滴融化的雪水滴在了他的頭上，於是他向學生們提了個問題：「同學們，雪融化之後，會變成什麼呢？」

學生們異口同聲地回答：「水！」

老師非常欣慰，對同學們做了一個讚賞的手勢。

這時，一個老和尚從旁邊經過，他抬頭看了看滿山的雪色，若有所思地說：「雪融化了，難道不是春天嗎？」

雪化之後，變成了「春天」，一則生活中隨心而至的常識，卻綻放出了童話般的美麗。冬天過去，春天將至，日落之後，還有日出，我們又何必自討紛擾？

日出有日出的精彩，日落有日落的美麗，性格熱忱進取者與清淨淡泊者都能找到自己的樂趣，卻也都有自己的煩惱，熱忱的人有時候會疲於世俗生活中的喧囂與眾多不必要的紛擾，而寡淡者也難免會覺得寂寞無聊。只有真正做到「枯者由他枯，榮者任他榮」的人才能夠寵辱不驚，笑看花開花落，靜觀雲卷雲舒。

懷有成為珍珠的信念

聖嚴法語

並不是每一個貝殼都可以孕育出珍珠，也不是每一粒種子都可以萌生出幼芽，流水也會乾涸，高山也可崩塌，而自信的人，卻可以在紛亂紅塵中自由馳騁，遊刃有餘。

聖嚴法師說，凡是自信的人都具有獨立思考的能力以及忍辱負重的耐力，以智慧判斷出自己所需要的東西，樹立正確的理想並且為之奮鬥。人的一生，只有為自己作出了準確定位，放穩了自己的腳步，才能做到有目的而不盲從，遇挫折而不退縮，才能活出生命的意義。

人間佛語

沙粒之所以能成為珍珠，只是因為它有成為珍珠的信念。芸芸眾生都只是一粒粒平凡的沙子，但只要懷有成為珍珠的信念，就能長成一顆顆珍珠。

很久很久以前，有一個養蚌人，他想培養一顆世上最大最美的珍珠。

他去海邊沙灘上挑選沙粒，並且一顆一顆地問那些沙粒，願不願意變成珍珠。那些沙粒一顆一顆都搖頭說不願意。養蚌人從清晨問到黃昏，他都快要絕望了。

就在這時，有一顆沙粒答應了他。

旁邊的沙粒都嘲笑起那顆沙粒，說它太傻，去蚌殼裡住，遠離親人、朋友，見不到陽光、雨露、明月、清風，甚至還缺少空氣，只能與黑暗、潮濕、寒冷、孤寂為伍，不值得。

可那顆沙粒還是無怨無悔地隨著養蚌人去了。

物換星移，許多年過去了，那顆沙粒已長成了一顆晶瑩剔透、價值連城的珍珠，而曾經嘲笑它傻的那些夥伴們，依然只是一堆沙粒，有的已風化成土。

也許你只是眾多沙粒中最最平凡的一顆，但只要你有要成為珍珠的信念，並且忍耐著、堅持著，當走過黑暗與苦難的長長隧道時，你就會驚訝地發現，在不知不覺中，你已長成了一顆珍珠。每顆珍珠都是由沙子磨礪出來的，能夠成為珍珠的沙粒都有著成為珍珠的堅定信念，並為之無怨無悔地付出。

很多人都曾有過懷才不遇的感覺，自認為自己的才華未得到別人的認可，能力無處施展，這時候，不妨反觀自身，以彌補自己的缺陷，使自己的滿腔熱情與自信在沉澱之後變得更加堅韌。其實，人最佳的心態莫過於能屈能伸，既要有成為珍珠的信念，也要在信念的實現過程中承受必要的壓力，甚至屈辱。

月船禪師就是一位「為了理想把侮辱當飯吃」的人。月船禪師不僅是一位有名的禪師，而且是一位繪畫高手。他的畫氣勢磅礴，貴得出奇，並且他還有一個習慣，就是要先收錢再作畫。

有一天，一位女子請月船禪師作畫，月船禪師問：「你能付多少酬勞？」女子回答：「你要多少就付多少，條件是你要在我家當眾作畫。」

月船禪師答應跟著前去，原來那女子家中正在宴請賓客。月船禪師當眾作畫之後，拿了酬勞正想離開。那女子卻對客人說道：「這位畫家只知道要錢，這畫畫得雖好，其中卻透著金錢的汙穢，這種畫是不值得掛在客廳裡的，它只能用來裝飾我的一條裙子。」說著便將自己的一條裙子脫下，當眾要月船禪師在上面作畫。

月船禪師不動聲色地問道：「你出多少錢？」女子答道：「隨便你要。」月船禪師又要了一個高價，然後平心靜氣地在那女子裙子上作起畫來，作完之後又若無其事地離開。

別人聽說此事後非常納悶，月船禪師衣食無憂，為什麼如此看重金錢？只要給錢，好像受任何侮辱都無所謂，真是不可思議。原來，月船禪師禪居之地常發生災荒，而富人不肯出錢賑災，因此他準備建造一座糧倉，以備不時之需。

同時，月船禪師之所以這樣，也是想完成師父的遺願——建造一座寺院，但他又不願一味等待他人的布施，只好以作畫籌集資金。此願望完成之後，他便退隱山林，不再作畫。

故事中的月船禪師，明確地知道自己是為什麼而作畫，知道自己的行為對別人的意義，因而，即使那位請他作畫的女子當眾侮辱他，他也依然不為所動，只是堅持著自己的理想。也許這是因為月船禪師的修養極好，有涵養的他能夠容忍他人對自己的侮辱；也許是因為他認為自己的行為有意義，因而不在意別人的侮辱，一心一意只為了實現理想。

我們常常將理想比做大海上的燈塔，即使海面波浪翻滾，狂風暴雨，它依然能夠為船隻照亮前行的方向。在聖嚴法師心中，修行之人，無論走到哪裡，無論身處何境，都能感受到佛光的普照與感召。

一無所有也便一無所失

聖嚴法語

《華嚴經》中有偈曰：「眾生心不同，隨起諸妄想；如是諸佛剎，一切皆如化。」聖嚴法師這樣解釋：眾生的信念彼此不同，由心生起的妄念也各形各色，因此在十方淨土之內，也是如幻如化的諸般泡影。

我們自認為行走於世上時，自己擁有了很多，實際上卻時有時無，若擁有成了負擔，還不如捨棄。

人間佛語

宋代詞人辛棄疾有一句名言：物無美惡，過則為災。想擁有，是因為佔有慾在作怪，如果捨得放棄，就不會再生痛苦。生活就是如此，有的時候，痛苦和煩惱不是由於得到太少，反而是因為擁有太多。擁有太多，就會感到沉重、擁擠、膨脹、煩惱，害怕失去。擁有是一種簡單原始的快樂，擁有太多，就會失去最初的歡喜，變得越來越不如意。

有一位貧窮的人向禪師哭訴：「禪師，我生活得並不如意，房子太小、孩子太多、太太性格暴躁。您說我應該怎麼辦！」

禪師想了想，問他：「你們家有牛嗎？」

「有。」窮人點了點頭。

「那你就把牛趕進屋子裡來飼養吧。」

一個星期後，窮人又來找禪師訴說自己的不幸。

禪師問他：「你們家有羊嗎？」

窮人說：「有。」

「那你就把牠放到屋子裡飼養吧。」

過了幾天，窮人又來訴苦。禪師問他：「你們家有雞嗎？」

「有啊，還有很多隻呢。」窮人驕傲地說。

「那你就把牠們都帶進屋子裡吧。」

從此以後，窮人的屋子裡便有了七八個孩子的哭聲、太太的喝斥聲、一頭牛、兩隻羊、十多隻雞。三天後，窮人受不了了！他再度找到禪師，請他幫忙。

「把牛、羊、雞全都趕到外面去吧！」禪師說。

第二天，窮人來看禪師，興奮地說：「太好了，我家變得又寬又大，還很安靜呢！」

有時候壓力是自己施加給自己的，就像這個窮人，要的太多，想掌控的太多，而又無力承擔，擁有就會成為負擔。將心放寬，將壓力釋放出去，自然會得到心內外的寬敞。

人生有得就有失，得就是失，失就是得。所以，人生最高的境界，應該是無得無失。但是人們都是患得患失，未得患得，既得患失。明智的做法是學會放棄。放棄是一種境界，大棄大得，小棄小得，不棄不得。

人生在世，有許多東西是需要不斷放棄的。在仕途中，放棄對權力的追逐，隨遇而安，得到的是寧靜與淡泊；在淘金的過程中，放棄對金錢無止境的掠奪，得到的是安心和快樂；在春風得意、身邊美女如雲時，放棄對美色的佔有，得到的是家庭的溫馨和美滿。

我們每個人都應謹記，人不可能什麼都得到，所以應該學會放棄。生活有時會逼迫你，不得不交出權力，不得不放走機遇，甚至不得不拋棄愛情。

能夠做到坦然放手，一無所有之時，心態自然能夠得到調和，已經一無所有，又何必擔心會失去呢？丟掉過於沉重的包袱，不害怕失去，即使在喧囂的都市中，我們也能獲得一份心靈的寧靜，在那裡，看生命在谷底與波峰之間起伏，看心情在陰霾與晴朗之間兜轉，感受春日暖陽，也體驗冬季嚴寒。這一切，無不精彩，無不豐富。

第九章

彎腰而行，漸入禪門

人生之理如同在山間負重前行，唯有彎腰才能穩步，唯有起伏才見路途。學會彎腰，難得糊塗，滄桑歲月中才可自主沉浮。

難得糊塗去機心

聖嚴法語

《華嚴經》中有偈云：「諸法無自性，一切無能知；若能如是解，是則無所解。」聖嚴法師解釋說：「世間一切現象沒有固定不變永恆的本質，也沒有一定不變永恆的真理。」

人們正是因為很難認識到這一點，或者即使認識了也很難從心底接受，以至於總是執著於自己的一腔信念，卻不知這個想法已經錯了。這種自以為是的聰明，反而會成為算不清的糊塗賬，莫不如去除雜質，於單純中得正道。

聰明是一種先天的東西，人們總是羨慕聰明人的智商，殊不知這種表面的光芒不一定能令聰明人成功，在現實中也確實存在著眾多一事無成的聰明人。聰明這種天賦猶如水一樣，可以載舟，也可以覆舟。

蘇東坡在其《洗兒》一詩中這樣寫道：「人皆養子望聰明，我被聰明誤一生。唯願孩兒愚且魯，無災無難到公卿。」蘇東坡對於自己一生因聰明而受的苦真是刻骨銘心，以至於希望自己的兒子愚蠢一點，從而躲避各種災難。聰明本是天生稟賦，但機關算盡卻是人的痛苦之源，這正是聰明人蘇學士對後來人的忠告。

才智也有困窘的時候，神靈也有考慮不到的地方。正所謂難得糊塗：聰明難，糊塗難，由聰明而轉入糊塗更難。摒棄小聰明方才顯示大智慧，除去矯飾的善行方能使自己真正回到自然的善性。機關算盡太聰明，結果未必好。

孔子的徒弟子貢從南方的楚國返回晉國，經過漢水南岸時，看見一位老人在菜園中勞動。這位老人鑿通一條地道到井邊，抱著甕裝水過來灌溉，費了很大的勁，效果卻很差。

子貢說：「現在有一種機械，每天可以澆灌一百塊菜園，用力很小而效果很好，老人家不想要嗎？」

種菜老人抬起頭來看著子貢說：「怎麼做呢？」

子貢說：「削鑿木頭做成機器，後面重前面輕，提水就像抽引一樣，快得像沸水流溢。這種機械叫做槔。」

種菜老人面帶怒容，譏笑子貢說：「我聽我的老師說：『使用機械的人，一定會進行機巧之事；進行機巧之事的人，一定會生出機巧之心。機巧之心存於心中，就無法保持純淨狀態；無法保持純淨狀態，心神就會不安寧；心神不安寧，是無法體驗大道的。』所以，我不是不懂得使用機械，而是因為覺得羞愧才不用的。」

子貢滿臉羞愧，低著頭不說話。

這個寓言意在告訴我們，一個人若在機巧之路上迷途不返，就只會越走越遠，就像一個追趕自己影子的人那樣，自己跑得越快，影子也跑得越快，永遠沒有追到的一天。因此，一個人若想擁有幸福、快樂的人生，必須去除機巧之心，用「難得糊塗」的心態和真正的大智慧去面對生活中的點滴。

眾所周知，在音樂的世界中，技巧很重要，但並不是最重要的，過多的花俏技巧只會減弱情感的表達。人生也是如此，人人都玩弄聰明才智，只會讓世界繁雜凌亂。只有絕聖棄智，才能樸實安然地生活。

一個皇帝想要整修京城裡的一座寺廟，他派人去找技藝高超的設計師，希望能夠將寺廟整修得美麗而又莊嚴。後來有兩組人員被找來了，其中一組是京城裡很有名的工匠與畫師，另外一組是幾個和尚。皇帝不知道到底哪一組人員的手藝比較好，就決定比較一下。皇帝要求這兩組人員各自去整修一座小寺廟，而這兩個組面對面整修。

三天之後，皇帝要來驗收。

工匠們向皇帝要了一百多種顏色的漆料，又要了很多工具；和尚們居然只要了一些抹布與水桶等簡單的清潔用具。三天之後，皇帝前來驗收。他首先看了工匠們所裝飾的寺廟，工匠們敲鑼打鼓地慶祝工程的完成，他們用了非常多的顏料，以非常精巧的手藝把寺廟裝飾得五顏六色。

皇帝滿意地點點頭，接著回過頭來看看和尚們負責整修的寺廟。他一看就愣住了，和尚們所整修的寺廟沒有塗上任何顏料，他們只是把所有的牆壁、桌椅、窗戶等都擦拭得非常乾淨，寺廟中所有的物品都顯出了它們原來的顏色，而它們光亮的表面就像鏡子一般，反射出從外面而來的色彩。天邊多變的雲彩、隨風搖曳的樹影，甚至是對面五顏六色的寺廟，都變成了這個寺廟美麗色彩的一部分，而這座寺廟只是寧靜地接受這一切。皇帝被這莊嚴的寺廟深深地感動了。

李白詩云：清水出芙蓉，天然去雕飾。如果一個人去除了機心，還生活本來面目，不刻意追求什麼，他就能像李白詩中那朵出水的芙蓉一樣，美麗、潔白而無瑕。

我們存在於這個世界上，雖然由於各式各樣的因素，不能完全去除機心，但也要儘量減少機心。去除了機心，人就能保持內心的寧靜，就能顯現出天真爛漫的情懷來。

上天暗笑我輩癡

聖嚴法語

世間好比火焰，眾生的妄想顛倒，便像飛蛾撲火，不能自知，便不能於火海中覓得出路。聖嚴法師在解釋「世間猶如焰，妄想取世間；能斷世間想，則離三種倒」這一偈語時說，那些撲火的飛蛾，就像是世間的癡人，不能正確地判斷並評價自己，以至於把那烈火當成了光明的樂園。

人間佛語

佛經中常說：「上天有好生之德。」但是倘若上天真的聽到凡人口中的這句話，恐怕只會暗笑我輩的癡傻，正所謂「人類一思考，上帝就發笑」。人類自認為是萬物靈長，最受天地的眷顧，其實未必如此。天地並不一定厚待人類而輕薄萬物，只是人類自以為是，然而，人真的如自己想像般睿智嗎？

讀佛經時，一名弟子問佛祖：「您所說的極樂世界，我看不見，怎麼能夠相信呢？」

佛祖把弟子帶進一間漆黑的屋子，告訴他：「牆角有一把錘子。」

弟子不管是瞪大眼睛，還是瞇成小眼，仍然伸手不見五指，只好說看不見。

佛祖點燃了一支蠟燭，弟子在牆角果然發現一把錘子。佛祖說：「你看不見的，就不存在嗎？」

看不見的難道就不存在嗎？當然不是。自以為洞悉了天地萬物的人往往看不到腳下的一把錘子，這難道還不是癡人嗎？

天地無心而平等生萬物，萬物亦無法自主而還歸於天地。萬物生靈，平等地生於世間，人類又豈能總是自居主導？

天地、自然、因果才是主持世間公道的天平，榮的任其榮，枯的任其枯，不偏不倚，無悲無喜。而那些不能洞悉此理的人，往往會在開悟的路上越走越偏。

慧能禪師見弟子整日打坐，便問道：「你為什麼終日打坐呢？」

「我參禪啊！」

「參禪與打坐完全不是一回事。」

「可是你不是經常教導我們要安住容易迷失的心，清淨地觀察一切，終日坐禪不可躺臥嗎？」

禪師說：「終日打坐，這不是禪，而是在折磨自己的身體。」弟子迷茫了。

慧能禪師緊接著說道：「禪定，不是整個人像木頭、石頭一樣死坐著，而是一種身心極度寧靜、清明的狀態。離開外界一切物相，是禪；內心安寧不散亂，是定。如果執著人間的物相，內心即散亂；如果離開一切物相的誘惑及困擾，心靈就不會散亂了。我們的心靈本來很清淨安定，只因為被外界物相迷惑困擾，如同明鏡蒙塵，就活得愚昧迷失了。」

弟子躬身問：「那麼，怎樣才不會愚昧呢？」

慧能說道：「思量人間的善事，心就是天堂；思量人間的邪惡，就化為地獄。心生毒害，人就淪為畜生；心生慈悲，處處都是菩薩；心生智慧，無處不是樂土；心裡愚癡，處處都是苦海了。在普通人看來，清明和癡迷是完全對立的，但真正的人知道它們都是人的意識，沒有太大的差別。人世間的萬物皆是虛幻的，都是一樣的。生命的本源也就是生命的終點，結束就是開始。財富、成就、名位和功勳對於生命來說只不過是灰塵與飛煙。心亂只是因為身在塵世，心靜只是因為身在禪中，沒有中斷就沒有連續，沒有來也就沒有去。」

真正悟道的聖人，心如天地，一切的所作所為，只要認為理所當為、義所當為，便自然而然地去做，而且所做的往往也正是世人所需要的。

世間因緣，平等齊觀，無偏無私，人們切不可以因自我內心的一己之見，而自認為洞悉一切乃至於想主導天地，倘若天地有知，定會大笑我輩癡兒癡女的癡言癡語。

大智若愚，大巧若拙

聖嚴法語

禪宗中有這樣一句話：「晦而彌明，隱而愈顯。」聖嚴法師說，心境在黑暗的現實中，反而會更加明朗，越是不動聲色地隱藏自己的智慧，智慧的光芒越是會普照四方。

外表糊裡糊塗的人可能才是深藏不露、大智若愚的智者；看似手腳笨拙的匠人也許才是心靈慧明的能工巧匠。默時有似癡呆，所以如晦如隱；照時智慧靈然，所以如明如顯。

人間佛語

子曰：「甯武子，邦有道，則知；邦無道，則愚。其知可及也，其愚不可及也。」意思是說，甯武子在國家政治清明的時候表現得非常機智，在國家政治混亂、黑暗的時候就表現出很愚蠢的樣子。他的聰明智慧我們也許能達到，但是他的「糊塗」我們怎麼也趕不上啊。

所謂糊塗，就是不用想太多，不用想後果，糾纏於思考是人生的負擔和枷鎖。看重的不是結果，而是過程。糊塗的人往往更快樂，幸福會追著他們走，他們不必費盡心機爭取，可以隨意享受陽光的熱情。太過理性的人則是追著幸福跑，用盡全力也抓不住飄忽不定、轉瞬即逝的幸福。

「揚州八怪」之一的鄭板橋，最為著名的言論莫過於「難得糊塗」。據說，「難得糊塗」四個字是他在山東萊州的雲峰山寫的。有一年，鄭板橋專程到此地觀鄭文公碑，流連忘返，天黑了，不得已借宿於山間茅屋。屋主為一鶴髮老翁，自命「糊塗老人」，言語不俗。他的室中陳列了一塊方桌般大小的硯臺，石質細膩，鏤刻精良，非常罕見。鄭板橋對其十分歎賞。老人請鄭板橋題字以便刻於硯背。鄭板橋認為老人必有來歷，便題寫了「難得糊塗」四字，用了「康熙秀才雍正舉人乾隆進士」的方印。

因硯臺尚有許多空白，鄭板橋建議老先生寫一段跋語。老人便寫了「得美石難，得頑石尤難，由美石而轉入頑石更難。美於中，頑於外，藏野人之廬，不入寶貴之門也。」他用了一塊方印，印上的字是「院試第一，鄉試第二，殿試第三」。鄭板橋一看大驚，知道老人是一位隱退的官員。有感於糊塗老人的命名，見硯背上還有空隙，便也補寫了一段話：「聰明難，糊塗尤難，由聰明而轉入糊塗更難。放一著，退一步，當下心安，非圖後來福報也。」

一段佳話，一段趣談，也成就了一種智慧——糊塗經。

《菜根譚》說得好：「滋味濃時，減三分讓人食；路徑窄處，退一步與人行。」做人做事都要留餘地，尤其是要給自己留後路，不可把話說死，把事情做絕，更不能把人逼急。立身處世，須圓融之中顯厚道，糊塗之中藏精明，敞開心扉後，仍有防暗箭之智勇，進退自如、遊刃有餘，方能把一切掌控於心。

春秋時期，鄭莊公準備伐許。戰前，他先在國都舉辦比賽，挑選先行官。將士們一聽露臉立功的機會來了，都躍躍欲試，準備一顯身手。

首先進行的是擊劍格鬥，將士們都使出了渾身解數，爭先恐後。經過輪番比試，選出了六個人，參加下一輪射箭比賽。在射箭項目上，取勝的六名將領各射三箭，以射中靶心者為勝。最後潁考叔與公孫子都打了個平手。

可先行官只有一位，所以，他們倆還得進行一次比賽。後來，莊公派人拉出一輛戰車來，說：「你們二人站在百步開外，同時來搶這部戰車。誰搶到手，誰就是先行官。」公孫子都輕蔑地看了潁考叔一眼，拔腿就跑，哪知跑了一半時，一不小心，腳下一滑，跌了個跟斗。等他爬起來時，潁考叔已搶車在手。公孫子都當然不服氣，於是提了長戟來奪車。潁考叔一看，拉起車就飛奔出去，莊公忙派人阻止，並宣佈潁考叔為先行官。公孫子因此對潁考叔懷恨在心。

戰爭開始了，潁考叔果然不負莊公所望，在進攻許國都城時，手舉大旗率先從雲梯衝上許都城頭。眼看潁考叔就要大功告成，公孫子都記起前事，竟抽出箭來，搭弓向城頭上的潁考叔射去，一下子把沒有防備的潁考叔射死了。

所謂「花要半開，酒要半醉」，凡是鮮花盛開嬌豔的時候，不是立即被人採摘而去，就是衰敗的開始。潁考叔正是不知收斂，精明過頭，才落得個慘死的下場。

糊塗是大智若愚，是另類的聰明，是歲月在一個人身上沉澱下來的大智慧。難得糊塗，是一種老謀深算的清醒，也是臥薪嚐膽的大度，更是一種心中有數的正派。難得糊塗，不是那種與世無爭的軟弱，而是退一步海闊天空的豁達；不是明哲保身的逃避，而是讓三分風平浪靜的睿智；不是苟且偷生的迂腐，而是真金不怕火煉的堅貞。

有一種智慧叫彎曲

聖嚴法語

人生之旅，坎坷多多，難免遇到矮簷，遭遇逼壓。聖嚴法師開示眾生，在這種情況下，要學會低頭，學會彎腰。

彎曲，是一種人生智慧，在生命不堪重負之時，適時適度地低一下頭，彎一下腰，抖落多餘的負擔，才能夠走出屋簷而步入華堂，避開逼壓而邁向遼闊。

人間佛語

孟買佛學院是印度最著名的佛學院之一，這所佛學院的特點是建院歷史悠久，培養出了許多著名的學者。還有一個特點是其他佛學院所沒有的，那是一個極其微小的細節，但是，所有進入過這裡的人，當他們再出來的時候，無一不承認，正是這個細節使他們頓悟，正是這個細節讓他們受益無窮。

這是一個被很多人忽視的細節：孟買佛學院在它正門的一側，又開了一個小門，這個門非常小，一個成年人要想過去必須彎腰側身，否則就會碰壁。

其實這就是孟買佛學院給它的學生上的第一堂課。所有新來的人，老師都會引導他到這個小門旁，讓他進出一次。很顯然，所有的人都是彎腰側身進出的，儘管有失禮儀和風度，卻達到了目的。老師說，大門雖然能夠讓一個人很體面很有風度地出入。但很多時候，人們要出入的地方，並不是都有方便的大門，或者，即使有大門也不是可以隨便出入的。這時，只有學會了彎腰和側身的人，只有暫時放下面子和虛榮的人，才能夠出入。否則，你就只能被擋在院牆之外。

孟買佛學院的老師告訴他們的學生，佛家的哲學就在這個小門裡。

其實，人生的哲學何嘗不在這個小門裡。人生之路，尤其是在通向成功的路上，幾乎是沒有寬闊的大門的，所有的門都需要彎腰側身才可以進去。因此，在必要時，我們要能夠學會彎曲，彎下自己的腰，才可得到生活的通行證。人生之路不可能一帆風順，必然會有風起浪湧的時候，如果迎面與之搏擊，就可能會船毀人亡，此時何不退一步，先給自己一個海闊天空，然後再圖伸展。

妙善禪師是世人非常景仰的一位高僧，被稱為「金山活佛」。他一九三三年在緬甸圓寂，其行跡神異，又慈悲喜捨，所以，直至現在，社會上還流傳著他難行能行、難忍能忍的奇事。

在妙善禪師的金山寺旁有一條小街，街上住著一個貧窮的老婆婆，與獨生子相依為命。偏偏這兒子忤逆兇橫，經常喝罵母親。妙善禪師知道這件事後，常去安慰這老婆婆，和她說些因果輪迴的道理，逆子非常討厭禪師來家裡。有一天，這個逆子起了惡念，悄悄拿著糞桶躲在門外，等妙善禪師走出來，便將糞桶向禪師兜頭一蓋，剎那間腥臭汙穢的糞尿淋滿禪師全身，引來了一大群人看熱鬧。

妙善禪師卻不氣不怒，一直頂著糞桶跑到金山寺前的河邊，才緩緩地把糞桶取下來，旁觀的人看到他的狼狽相，更加哄然大笑，妙善禪師毫不在意地說道：「這有什麼好笑的？人身本來就是眾穢所集的大糞桶，大糞桶上面加個小糞桶，有什麼值得大驚小怪的呢？」

有人問他：「禪師！你不覺得難過嗎？」

妙善禪師道：「我一點也不會難過，老婆婆的兒子以慈悲待我，給我醍醐灌頂，我正覺得自在哩！」

後來，老婆婆的兒子被禪師的寬容所感化，改過自新，向禪師懺悔謝罪，禪師歡歡喜喜地開示他。受了禪師的感化，逆子從此痛改前非，以孝聞名鄉里。

妙善禪師將身體看做大的糞桶，所以被人加個小的糞桶，也不稀奇。這種想法正是他高尚的人格和道德慈悲的表現，而正是這一刻他彎下了腰，忍住了屈辱，才感化了忤逆的年輕人。

為人處世，參透屈伸之道，自能進退得宜，剛柔並濟，無往不利。能屈能伸，屈是能量的積聚，伸是積聚後的釋放；屈是伸的準備和積蓄，伸是屈的志向和目的；屈是手段，伸是目的；屈是充實自己，伸是展示自己；屈是柔，伸是剛；屈是一種氣度，伸更是一種魄力。伸後能屈，需要大智；屈後能伸，需要大勇。屈有多種，並非都是胯下之辱；伸亦多樣，並不一定叱吒風雲。屈中有伸，伸時念屈。屈伸有度，剛柔並濟。

人生有起有伏，當能屈能伸，起，就起他個直上雲霄；伏，就伏他個如龍在淵；屈，就屈他個不露痕跡；伸，就伸他個清澈見底。這是多麼奇妙、痛快、瀟灑的情境啊！

第十章

胸有成竹，輕鬆漫遊職場

善用其心，善待一切。生活即道場，在工作中修行，在修行中工作。以禪淨化身心，工作中也可怡然自得。處處體會工作禪法，時時擁有禪者心境。輕鬆對待，便能像聖嚴法師一樣，雖忙碌但仍精彩。

在工作中修行煉心

聖嚴法語

職場中，很多人覺得自己好像被工作「綁架」了，無法抽空好好修行。還有一些人認為一旦全心投入修行，就無法專注於「世俗」的工作了，在他們看來，工作與修行似乎是必然衝突的，完全找不到一個點將其融合起來。

但聖嚴法師說「工作好修行」，因為上述兩種態度都是失衡的，而修行煉心的最好方式，就是與他人共事，而工作上所必須具備的奉獻精神與專注於當下的心，更是修行的精髓。

禪無處不在，人的一顰一笑、舉手投足都是修行。在職場奔波忙碌的眾生，心中有佛根，呼吸都是修行。在職場中的世人，難免要承擔各種各樣的責任，所謂恪守本分，即像聖嚴法師所說的做自己該做的事情，不做不該做的事情。

聖嚴法師說：「把自己的本分事做好，歡喜接受所面臨的一切，過一分鐘，即消一分災。」工作正是這樣的本分事，打理好自己的工作，處理好工作與私人生活的關係，便能在工作中實現個人修行的提升。

而很多人之所以覺得在工作中無法修行，就是因為心存妄想。心存妄想，即為不本分，所得弊多利少。當一個人開始厭倦每天重覆的生活，心中不安分的因子就會蠢蠢欲動，生活與工作的激情開始消退，新的慾望也就開始萌生。這個時候，人就開始漫不經心地經營自己的生活。生活中的柴米油鹽中都有禪機，起臥坐行也都是修行，態度不認真的人又怎麼能在生活這場大課堂中領悟到佛法呢？

一位行腳僧到達一座小鎮時，恰巧趕上雨天，他便敲了一戶人家的門，請求屋主能夠讓他進屋避雨。

開門的是一位六旬老翁，聽到僧人的請求之後，老人尷尬地笑了笑，將他請進了屋裡。

僧人進門之後，不由得大吃一驚，屋外大雨瓢潑，屋內細雨綿綿。僧人忍不住問道：「這座房子看上去像是新蓋不久，為何會漏雨呢？」

老翁說道：「既然師父問起來了，我也就不再隱瞞，也請師父指點一二。」

僧人沉默地點了點頭，聽老人道出了原委。

原來老人本是一名木匠，奮鬥了一生，修了無數座房子。去年他深感自己年事已高，想及早離開這一行，和妻子兒女盡享天倫之樂，於是向老闆請辭，但是老闆實在捨不得這麼優秀的一位木匠，就要求他在離開之前竭盡自己所能，蓋一座自己最滿意的房子。礙於情面，老木匠答應了老闆的要求，但是在設計房子的時候並沒有真正用心，甚至在蓋房過程中也偷工減料。

當房子真正完成的那一天，他將鑰匙交到老闆手裡準備離開，但是老闆握著他的手，把鑰匙放進了他的掌心，誠懇地對他說：「你是我見過的最好的木匠！這座房子本意就是要用來獎勵你的，所以，請你一定要收下。」

老木匠一生中修了無數座好房子，最後一座粗製濫造的房子卻留給了自己。

聽完老人的故事，僧人久久未語。

雨停之後，僧人起身告別，他對老人說：「對不起，我並不能指點你什麼，我還要回寺院去誦經。」

想必這位木匠已經為自己的過錯而深深後悔了，恪守自己的本分，做自己該做的事情貌似是一件很簡單的事情，但是在現實生活中，總會有無數的誘惑或者意外事件衝擊著我們一直秉持的信仰。

所謂「在其位，謀其政」，當一個人處於某種位置時，就應該把該做的、必須做的，不僅要做，還要做好，這便是一種最好的修行。恪守本分，並不是一件容易的事情，其中有感情的抑揚起伏，也有理智的冷靜思索，它是低沉的、舒緩的，又是適度的、堅定的。不能真正體會到其中深意的人，自然也就無法將它納入自己生活旋律的每個音符之中。

工作要趕不要急

聖嚴法語

工作是忙不完的，所以聖嚴法師主張工作要「趕」，但不要「急」，應該忙中有序地趕工作，而不要緊張兮兮地搶時間。

任何事積累到一定程度都會形成壓力，心中背負著太多東西的人往往容易亂了分寸，無法靜下心來釐清思路，所以容易焦躁、抱怨，甚至憤怒。與其被忙不完的工作所驅使，不如在自己的能力範圍之內，坦然面對，做得到的去做，做不到的不強求。

人間佛語

積極的職場人，總是能夠將手頭的工作理出大小內外，輕重緩急，從而按部就班，有次序地一件一件解決。這樣做，既可以保證工作速度，又能保持從容不迫的心情，所以聖嚴法師主張人應當忙中有序地趕工作，而不要緊張兮兮地搶時間。

有一個農夫挑著一擔橘子進城去賣。天色已晚，城門馬上就要關了，而他還有二里的路程。這時迎面走來一個僧人，他焦急地趕上前去問道：「小和尚，請問前面城門關了嗎？」

「還沒有。」僧人看了看他擔中滿滿的橘子，問道：「你趕路進城賣橘子嗎？」

「是啊，不知道還來不來得及。」

僧人說：「你如果慢慢地走，也許還來得及。」

農夫以為僧人故意和自己開玩笑，不滿地嘀咕了兩聲，又匆忙上路了。他心中焦急，索性小跑起來，但還沒跑出兩步，腳下一滑，滿筐橘子滾了一地。

僧人趕過來，一邊幫他撿橘子，一邊說：「你看，不如腳步放穩一些吧？」

農夫急於求成，一味求快，結果卻恰恰相反。工作亦是如此，積極與速度並非同義詞，速度與效率也往往不成正比，與其在手忙腳亂中浪費時間，不如張弛有度，井然有序地設計好每一步要踏出的距離。一味求快，往往會造成惡果。

有一個小和尚，在樹林中坐禪時看到草叢中有一隻蛹，蛹已經出現了一條裂痕，似乎就能看見正在其中掙扎的蝴蝶了。

小和尚靜靜地觀察了很久，只見蝴蝶在蛹中拚命掙扎，卻怎麼也沒有辦法從裡面掙脫出來，幾個小時過去，小和尚依然坐在那裡靜靜地看著。

這時候，有孩子跑了過來，看到地上掙扎的蛹，不由分說地撿起來將蛹上的裂痕撕得更大了，小和尚甚至來不及阻止。

小孩子數落著和尚：「師父，你是出家人，怎麼連點慈悲心也沒有呢？」

小和尚無奈地歎了口氣，說道：「你為何這般性急呢？蝴蝶還沒有著急，你為什麼這麼魯莽地改變牠的生命呢？」

果然，當蝴蝶出來之後，因為翅膀不夠有力，飛不起來，只能無助地在地上爬。

小孩子本想幫蝴蝶的忙，結果反而害了蝴蝶，正是「欲速則不達」。由此不難看出，急於求成只會導致最終的失敗。所以，我們不論是在工作，還是在生活中，都不妨放遠眼光，注重積累，最終自然會水到渠成，實現自己的目標。

對於「一萬年太久，只爭朝夕」的人來說，最容易犯的毛病就是「欲速則不達」。放眼整個社會，大多數人都知道這個道理，而最終背道而行的人仍是大多數人。

「涓流積至滄溟水，拳石崇成泰華岑。」這一出自宋代陸九淵《鵝湖和教授兄韻》的詩句勸喻人們：涓涓細流彙聚起來，就能形成蒼茫大海；拳頭大的石頭壘砌起來，就能形成泰山和華山那樣的巍巍高山。只要我們一步步勤勉努力地往前趕，就能夠到達成功的彼岸。

現代職場人，並非高速運轉的現代機器，莫不如以一種騎士精神盡展瀟灑，縱橫馳騁於紛亂的生活，保持一種美麗的心情，採一柱大漠的孤煙映照黃昏的落日，捉一輪渾圓的清月放飛自由的心靈！

心中有鐘，才能撞出天籟

聖嚴法語

現代人生活很忙碌，理應倍感充實，但事實是，職場中的人往往感覺不到生活的重心在哪裡，內心常常覺得空虛無聊。忙碌的工作、多樣化的娛樂方式便都成了暫時的麻醉劑，麻醉時間一過，空虛感又會襲來。

聖嚴法師說：「當人不知道活在這個世界上的目的是什麼的時候，就會感到空虛了。」洞悉因果的法師自然能從忙碌中感受到充實。

所以，我們應該做一行愛一行，做一樣像一樣，認真對待，享受工作，享受生活。

人間佛語

從前有一座山，山上有座廟，廟裡有一個老和尚和一群小和尚。

其中的一個小和尚在寺院中擔任撞鐘之職。按照寺院的規定，早上和黃昏各要撞一次鐘，小和尚將撞鐘的時間牢牢地記在了心中，無論陰天下雨，還是狂風冷雪，他都堅持著自己的工作，鐘聲從未間斷。但年復一年，小和尚終於厭倦了，他覺得每天撞兩次鐘實在是再簡單不過的工作，周而復始、千篇一律實在太無聊了，心也就漸漸麻木起來。

一天，小和尚撞鐘時，寺院的住持從旁邊經過，他看到小和尚漫不經心的表情，便將他叫到了身邊，語重心長地對他說：「看來，你已經不能勝任撞鐘這個工作了，你還是去後院砍柴挑水吧！」

小和尚既不解又委屈：「師父，撞鐘還需要什麼特別的能力嗎？難道我撞的鐘聲不夠響亮？還是曾經耽誤過時間？」

住持說：「你很準時，撞得鐘聲也很響亮。但是你的鐘聲中有什麼特殊之處嗎？」

「需要什麼特殊的東西呢？」

「你沒有理解撞鐘的意義。鐘聲不僅僅是寺裡作息的信號，更為重要的是喚醒沉迷眾生。因此，鐘聲不僅要洪亮，還要圓潤、渾厚、深沉、悠遠。心中無鐘，即是無佛；如果不虔誠，怎能擔當撞鐘之職！捫心自問，你的心中有鐘嗎？」

小和尚低下了頭，臉上露出了慚愧之色。

「暮鼓晨鐘」是寺院裡的規矩，但是規矩的存在並非只是一種古板的刻意為之，其中總是蘊涵著更多的深意。小和尚只是將工作當成了工作，而沒有用心去體會更深層次的含義，以至於將撞鐘當成了一份機械重覆、不帶任何感情的工作。所以，他這個「撞鐘和尚」不合格。

每個人都有自己應盡的本分與職責，禪修如此，工作更是如此。在生活與工作中投入自己的熱情，認真對待，才不會在修行之後如竹籃打水，一無所得。

認真是我們對生活、對人生的一種態度，一個懂得事事都認真的人，一定是一個熱愛生活且懂得生活的人，他也許會是一個平凡的人，但絕對不會是一個平庸的人，他的生命將因為他的認真而變得豐滿而充實。他的人生沒有虛度，而且在認真對待每一件事情中賦予了巨大意義。

忙得快樂，樂得歡喜

聖嚴法語

我們所處的環境，無論好壞，都像是火宅一樣，充滿各種躁動的情緒和難測的危險。所以《法華經》中有這樣一句偈語：「三界無安，猶如火宅；眾苦充滿，甚可怖畏。」

聖嚴法師說，三界都是水深火熱的環境，而工作中需要處理的煩惱尤其多。但是一切境界，出於心造，源於心受。心境煩惱，便處於火宅之中；心境清涼，便生於佛國淨土。所以，人心安定，環境即太平，便見世外桃源，工作中的忙碌便為歡喜。

人間佛語

忙碌是一種生活狀態，但不應該成為心靈的常態。若只能從忙碌中體會到煩惱與紛擾，便很難體驗到遊刃有餘、自由灑脫的心境。在忙碌的世俗生活中，保持一種平常心，將忙碌的勞累與不快沉澱到心底，並用歲月將其風乾成一種曾經奮鬥的記憶，才是在工作中獲得快樂的方法。

從前，有一位官員每天忙忙碌碌，不得清閒，時間久了，他心中生了很多煩惱，對工作也倦怠起來。苦惱無處排解，他便來到一位禪師的法堂。

禪師靜靜聽完了此人的傾訴，將他帶入自己的禪房之中，禪房的桌上放著一瓶水。

禪師微笑著說：「你看這只花瓶，它已經放置在這裡許久了。雖然它每天都被放在同一個位置，但是瓶中的鮮花每天都在更換，它必須以同樣的狀態將水分與養料供給，這是一種不動聲色的靜態忙碌。在這裡，幾乎每天都有塵埃灰燼落在花瓶裡面，但它依然澄清透明。你知道這是何故嗎？」

此人思索良久，彷彿要將花瓶看穿，忽然他似有所悟：「我懂了，所有的灰塵都沉澱到瓶底了。」

禪師點點頭：「世間煩惱之事數之不盡，有些煩惱越想排解越揮之不去，那就索性淡然處之。就像瓶中的水，如果你厭惡地搖它，會使一瓶水都不得安寧，混濁一片；如果你願意慢慢地、靜靜地讓它們沉澱下來，用寬廣的胸懷去容納它們，這樣，心靈並未因此受到汙染，反而更加純淨了。」

官員恍然大悟。

保持瓶中水的靜止，也是保持自己內心的安定。保持一顆平常心，和其光，同其塵，愈深邃愈安靜。

職場中的人，應該養成一種如水的心態，容納萬物，也容納自我的煩惱。水至柔而有骨，執著能穿石，以「天下之至柔，馳騁天下之至堅」；齊心合力，激濁揚清，義無反顧；靈活處世，不拘泥於形式，因時而變，因勢而變，因器而變，因機而動，生機無限；清澈透明，潔身自好，纖塵不染；一視同仁，不平則鳴；潤澤萬物，有容乃大，通達而廣濟天下，奉獻而不圖回報。

人生在世，若能將水的特性發揮得淋漓盡致，可謂完人，正是「上善若水，厚德載物」，才能在忙碌的工作中獲得歡喜，否則，便會因為忙碌而失去發掘幸福的心情。

有個後生從家裡到一座禪院去，在路上遇到了一件有趣的事，他想以此去考考禪院裡的老僧。

來到禪院後，後生與老僧一邊品茶，一邊閒談，冷不防問了一句：「何為團團轉？」

「皆因繩未斷。」老僧隨口答道。

後生聽到老僧這樣回答，頓時目瞪口呆。

老僧見狀，問：「什麼使你這樣驚訝啊？」

「不，老師父，我驚訝的是，你怎麼知道的呢？」後生說，「我今天在來的路上，看到一頭牛被繩子穿了鼻子，拴在樹上，這頭牛想離開這棵樹，到草地上去吃草，誰知牠轉過來轉過去都不得脫身。我以為師父沒看見，肯定答不出來，哪知師父一下就答對了。」

老僧微笑著說：「你問的是事，我答的是理，你問的是牛被繩縛而不得解脫，我答的是心被俗務糾纏而不得超脫，一理通百事啊！」

想想我們自己，其實也是被一根無形的繩子牽著，像老牛一樣圍著樹幹團團轉，總解脫不了。我們的處境又能比老牛好到哪兒去呢？

為了錢，我們東西南北團團轉；為了權，我們上下左右團團轉；為了慾，我們上上下下奔竄；為了名，我們日日夜夜竄奔。名是繩，利是繩，欲是繩，塵世的誘惑與牽掛都是繩。人生三千煩惱絲，斬斷才能自在啊！

第十章　胸有成竹，輕鬆漫遊職場

對活在忙碌緊張、名利纏繞的現代社會的我們而言，肩上的重擔，心中的壓力，將我們纏繞其中，密不透風，使我們與快樂背道而馳，越走越遠。

在忙碌的工作中，放下心中的煩惱，放下心中的慾望，便會得到一雙跨越煩惱，朝著晴朗的快樂天空自由飛翔的翅膀！

語錄　聖嚴禪話，妙諦蓮花次第開

提升人品

- 需要的不多，想要的太多。
- 知恩報恩為先，利人便是利己。
- 盡心盡力第一，不爭你我多少。
- 慈悲沒有敵人，智慧不起煩惱。
- 忙人時間最多，勤勞健康最好。
- 布施的人有福，行善的人快樂。

●心量要大，自我要小。

●要能放下，才能提起。提放自如，是自在人。

●識人識己識進退，時時身心平安；知福惜福多培福，處處廣結善緣。

●提得起放得下，年年吉祥如意；用智慧種福田，日日都是好日。

●身心常放鬆，逢人面微笑；放鬆能使我們身心健康，帶笑容易增進彼此友誼。

●話到口邊想一想，講話之前慢半拍。不是不說，而是要惜言慎語。

●在生活中，不妨養成「能有，很好；沒有，也沒關係」的想法，便能轉苦為樂，比較自在了。

●四安：安心、安身、安家、安業。

●四要：需要、想要、能要、該要。

- 四感：感恩、感謝、感化、感動。
- 四它：面對它、接受它、處理它、放下它。
- 四福：知福、惜福、培福、種福。
- 能要、該要的才要；不能要、不該要的絕對不要。
- 感恩能使我們成長，報恩能助我們成就。
- 感謝給我們機會的人，順境、逆境，皆是恩人。
- 遇到好事，要隨喜、讚嘆、鼓勵，並且虛心學習。
- 少批評、多讚美，是避免造口業的好方法。
- 平常心就是最自在、最愉快的心。

●踏實地走一步路，勝過說一百句空洞的漂亮語。

●知道自己的缺點愈多，成長的速度愈快，對自己的信心也就愈堅定。

●多聽多看少說話，快手快腳慢用錢。

●唯有體驗了艱苦的境遇，才會有精進奮發的心。

●踏踏實實做人，心胸要廣大；穩穩當當做事，著眼宜深遠。

享受工作

●忙而不亂，累而不疲。

●忙得快樂，累得歡喜。

●「忙」沒關係，不「煩」就好。

●工作要趕不要急，身心要鬆不要緊。

●應該忙中有序地趕工作，不要緊張兮兮地搶時間。

●不要以富貴貧賤論成敗得失，只要能盡心盡力來自利利人。

●任勞者必堪任怨，任事者必遭批評。怨言之下有慈忍，批評之中藏金玉。

●隨遇而安，隨緣奉獻。

●成功的三部曲是：隨順因緣、把握因緣、創造因緣。

●見有機緣宜把握，沒有機緣要營造，機緣未熟不強求。

●人生的起起落落，都是成長的經驗。

●用智慧處理事，以慈悲關懷人。

●以智慧時時修正偏差，以慈悲處處給人方便。

●慈悲心愈重，智慧愈高，煩惱也就愈少。

●面對許多情況，只管用智慧處理事，以慈悲對待人；而不擔心自己的利害得失，就不會有麻煩了。

●心隨境轉是凡夫，境隨心轉是聖賢。

●大鴨游出大路，小鴨遊出小路，不游就沒有路。

●「精進」不等於拚命，而是努力不懈。

●船過水無痕，鳥飛不留影，成敗得失都不會引起心情的波動，那就是自在解脫的大智慧。

●給別人方便等於給自己方便。

●壓力通常來自對身外事務過於在意，同時也過於在意他人的評斷。

●用感恩的心、用報恩的心，來做服務的工作，便不會感到倦怠與疲累。

●隨時隨地心存感激，以財力、體力、智慧、心力來做一切的奉獻。

幸福心靈

●人生的目標，是來受報、還願、發願的。

●不用牽掛過去，不必擔心未來，踏實於現在，就與過去和未來同在。

●智慧，不是知識，不是經驗，不是思辨，而是超越自我中心的態度。

●積極人生，謙虛滿分；自我愈大，不安愈多。

●在安定和諧中把握精彩的今天，走出新鮮的明天。

● 擔心，是多餘的折磨；用心，是安全的動力。

● 面對生活，要有「最好的準備，最壞的打算」。

● 只要還有一口呼吸在，就有無限的希望，就是最大的財富。

● 救苦救難的是菩薩，受苦受難的是大菩薩。

● 超越生老病苦三原則：活得快樂、病得健康、老得有希望。

● 超越死亡三原則：不要尋死、不要怕死、不要等死。

● 死亡不是喜事，也不是喪事，而是一件莊嚴的佛事。

● 眼光，是你的智慧；運氣，是你的福德。

● 喜愛的就想佔有，討厭的就會排斥，患得患失，煩惱就來了。

●經常少欲知足的人，才是無虞匱乏的富人。

●心不平安是真正的苦，身體的病痛不一定是苦。

●明知心不平安是苦事，就趕快以持念「南無觀世音菩薩」來安心吧！

●現在擁有的，就是最好的。擁有再多也無法滿足，就等於是窮人。

●不要用壓抑來控制情緒，最好用觀想、用佛號、用祈禱來化解情緒，幸福人間。

●擁有的多，不一定讓人滿足；擁有的少，不一定讓人貧乏。

●現在所得的，是過去所造的；未來所得的，是現在所做的。

●好人不寂寞，善人最快樂，時時處處助人助己，時時處處你最幸福。

●煩惱消歸自心就有智慧，利益分享他人便是慈悲。

●用慚愧心看自己，用感恩心看世界。

祥和人生

●生命的意義是為了服務，生活的價值是為了奉獻。

●人的價值，不在壽命的長短，而在貢獻的大小。

●過去已成虛幻，未來尚是夢想，把握現在最重要。

●財富如流水，布施如挖井。井愈深，水愈多；布施愈多，財富愈大。

●每一個小孩，都是幫助父母成長的小菩薩。

●對青少年，要關心不要擔心，要誘導不要控制，用商量不用權威。

●愛你的孩子，與其擔心，不如祝福。

●夫妻是倫理的關係，不是「論理」的關係。

●能不亂丟垃圾，隨時清撿垃圾，都是做的功德。

●好話大家說，好事大家做，好運大家轉。

●大家說好話，大家做好事，大家轉好運。

●每人每天多說一句好語，多做一件好事，所有小小的好，會成為一個大大的好。

●急需要做，正要人做的事，我來吧！

●我和人和，心和口和，歡歡喜喜有幸福。

●內和外和，因和緣和，平平安安真自在。

●自求心安就有平安，關懷他人就有幸福。

●人品等於財富，奉獻等於積蓄。

●奉獻即是修行，安心即是成就。

●若希望人際關係相處得好，就要把心量放大，多接納人，多包容人。

●只要自己的心態改變，環境也會跟著改變，世界上沒有絕對的好與壞。

●人與人之間的相處之道，需要溝通，溝通不成則妥協，妥協不成時，你就原諒和容忍他吧。

●大的要包容小的，小的要諒解大的。

●以全心全力關懷家庭，用整體生命投入事業。

●戒貪最好的方法，就是多布施、多奉獻、多與人分享。

●包容別人時，雙方的問題就解決了。

●學佛的人，有兩大任務：莊嚴國土，成熟眾生。

●淨化人心，少欲知足，淨化社會，關懷他人。

大師的智慧：亂世醒鐘・聖嚴法師

作　　者	李倩　編著
發 行 人	林敬彬
主　　編	楊安瑜
副 主 編	黃谷光
責任編輯	陳亮均
助理編輯	黃亭維
內頁編排	于長煦（帛格有限公司）
封面設計	鄭秀芳
編輯協力	陳于雯
出　　版	大旗出版社
發　　行	大都會文化事業有限公司
	11051台北市信義區基隆路一段432號4樓之9
	讀者服務專線：(02)27235216
	讀者服務傳真：(02)27235220
	電子郵件信箱：metro@ms21.hinet.net
	網　　　址：www.metrobook.com.tw
郵政劃撥	14050529 大都會文化事業有限公司
出版日期	2017年08月二版一刷
定　　價	280元
I S B N	978-986-95038-4-6
書　　號	Choice-022

大旗出版 BANNER PUBLISHING

大都會文化

國家圖書館出版品預行編目資料

大師的智慧：亂世醒鐘・嚴嚴法師 / 李倩 編著.
-- 二版. -- 臺北市，大旗出版：大都會文化發行,
2017. 08
256 面 ; 21 ×14.8公分.

ISBN 978-986-95038-4-6（平裝）

1. 佛教修持　2. 人生哲學

225.87　　106012095

大都會文化　讀者服務卡

書名：**大師的智慧：亂世醒鐘．聖嚴法師**

謝謝您選擇了這本書！期待您的支持與建議，讓我們能有更多聯繫與互動的機會。

A. 您在何時購得本書：______年______月______日

B. 您在何處購得本書：____________書店，位於____________(市、縣)

C. 您從哪裡得知本書的消息：

1.□書店　2.□報章雜誌　3.□電台活動　4.□網路資訊

5.□書籤宣傳品等　6.□親友介紹　7.□書評　8.□其他

D. 您購買本書的動機：（可複選）

1.□對主題或內容感興趣　2.□工作需要　3.□生活需要

4.□自我進修　5.□內容為流行熱門話題　6.□其他

E. 您最喜歡本書的：（可複選）

1.□內容題材　2.□字體大小　3.□翻譯文筆　4.□封面　5.□編排方式　6.□其他

F. 您認為本書的封面：1.□非常出色　2.□普通　3.□毫不起眼　4.□其他

G. 您認為本書的編排：1.□非常出色　2.□普通　3.□毫不起眼　4.□其他

H. 您通常以哪些方式購書：(可複選)

1.□逛書店　2.□書展　3.□劃撥郵購　4.□團體訂購　5.□網路購書　6.□其他

I. 您希望我們出版哪類書籍：（可複選）

1.□旅遊　2.□流行文化　3.□生活休閒　4.□美容保養　5.□散文小品

6.□科學新知　7.□藝術音樂　8.□致富理財　9.□工商企管　10.□科幻推理

11.□史地類　12.□勵志傳記　13.□電影小說　14.□語言學習（____語）

15.□幽默諧趣　16.□其他

J. 您對本書(系)的建議：

K. 您對本出版社的建議：

讀者小檔案

姓名：______________ 性別：□男 □女　生日：____年____月____日

年齡：□20歲以下 □21～30歲 □31～40歲 □41～50歲 □51歲以上

職業：1.□學生 2.□軍公教 3.□大眾傳播 4.□服務業 5.□金融業 6.□製造業

7.□資訊業 8.□自由業 9.□家管 10.□退休 11.□其他

學歷：□國小或以下 □國中 □高中／高職 □大學／大專 □研究所以上

通訊地址：____________________________

電話：（H）______________（O）______________ 傳真：______________

行動電話：__________________E-Mail：____________________

◎謝謝您購買本書，歡迎您上大都會文化網站（www.metrobook.com.tw）登錄會員，或至Facebook（www.facebook.com/metrobook2）為我們按個讚，您將不定期收到最新的圖書訊息與電子報。

大師的智慧

亂世醒鐘•聖嚴法師

北區郵政管理局
登記證北台字第9125號
免貼郵票

大都會文化事業有限公司

讀者服務部 收

11051台北市基隆路一段432號4樓之9

寄回這張服務卡〔免貼郵票〕
您可以：
◎不定期收到最新出版訊息
◎參加各項回饋優惠活動

大旗出版
BANNER PUBLISHING

大旗出版
BANNER PUBLISHING

大旗出版
BANNER PUBLISHING

大旗出版
BANNER PUBLISHING